KB016920

우리는 동물을
어떻게
대해야
하는가

우리는 동물을 어떻게 대해야 하는가

1판 1쇄 발행 2021년 6월 14일
1판 3쇄 발행 2022년 5월 20일

지은이 박종무
펴낸이 김현정
펴낸곳 도서출판리수

기획·홍보 김현주
교정·교열 박리수

등록 제4-389호(2000년 1월 13일)
주소 서울시 성동구 행당로 76 110호
전화 2299-3703
팩스 2282-3152
홈페이지 www.risu.co.kr
이메일 risubook@hanmail.net

ISBN 979-11-86274-83-5 03300
※책값은 뒤표지에 있습니다.
※잘못 제본된 책은 바꾸어 드립니다.

우리는 동물을 어떻게 대해야 하는가

◆ 박종무 ◆

수의사 아빠가 딸에게 들려주는
가축 살처분 · 기후 위기 극복을 위한 생명인문학

기후 위기 시대, 수만 년 동안 견고하게 조성된 생명의 질서를 직시하라.

약육강식에서 공생명으로

리수

추천의 글

기후 위기 시대, 생명에 대한 매우 좋은 입문서

이 책에는 과학 문명과 신자유주의라는 금융자본주의 시대인 21세기에 있어 생명에 대한 고민과 더불어 수의사이자 생명윤리학 박사 학위를 갖고 있는 저자의 성찰이 잘 담겨 있습니다. 아빠가 딸에게 들려주는 형태이기에 매우 전문적인 내용을 다루거나 여전히 논란이 있는 부분에 대해 적절하게 잘 정리되었습니다.

근대의 산물인 과학 기술이 자본주의와 결합했을 때, 과학 기술은 더 이상 생명이나 삶에 친화적이지 않습니다. 인간 중심의 세계관이 만들어낸 인류세(Anthropocene)가 결국은 자본세(Capitalocene)의 변형임은 이미 널리 알려진 바와 같습니다.

그 점에서 저자는 우리 주변의 여러 동물을 사람과의 관계 유형에 근거하여 정리한 후, 우리가 보다 관심을 지니고 되돌아 보아야 할 우리 자신의 모습으로서 인간 위주의 세계관과 더불어 산업 현장의 현실을 강조합니다.

더 나아가 동물 중심 사고가 지닌 한계를 저자 나름의 관점으로 정리하고 인류 역시 지구 환경과 연계되어 존재하며, 지구 생태계 내의 한 구성원에 불과함을 강조합니다. 생명 존중은 그러한 생명의 관계성 위에서 전개되어야 함을 역설하고 있으며, 이를 위해 기존 학설이나 우리가 지닌 고정 관념에 대한 낯설게 보기를 적절하게 제시합니다.

한편, 이 책은 고등학생 딸에게 주는 생명에 대한 관점이 되겠습니다만, 저자가 제시한 다양한 논의 거리는 일반인이 읽어도 좋고, 또 다양한 독서 토론회에서 다뤄도 좋을 것입니다. 근대 과학으로서의 생명 과학은 생명체를 유물론적 관점에서 다루고 있습니다만, 저자는 생명을 단순한 물질을 넘어선 것으로 접근하고 있기 때문에 저자가 책에서 제시한 여러 주제와 관점은 좋은 토론과 함께 생명에 대한 보다 깊은 이해로 전개될 것이라고 생각합니다.

저자는 여러 문제를 제기하고 있지만 구체적 개선 방법을 제시하고 있는 것은 아닙니다. 아직 그런 해법을 원론적인 차원이 아니라 구체적으로 지닌 이들이 없기 때문에 문제점은 여전히 있는 것이기도 합니다. 그런 해결책은 이제 저자와 독자들이 함께 고민해야 할 몫으로 남겨집니다.

그런 풍성한 논의를 위해서는 '이기적 유전자'로 상징되는 사회생물학, 물질 관계로부터 새로운 질서를 제공하는 복잡계 과학 등의 자연과학과 연계하고, 생명 윤리와 철학에 있어서도 슈바이처와 폴 테일러를 넘어 베르그송과 깡길렘, 들뢰즈로 이어지며, 특히 현장의 생명 문제를 접근하는 방식으로 푸코나 아감벤 등의 생명 정치와의 연결된 토론으로까지 확장될 수 있다는 점에서 이 책은 독자에게 생명에 대한 매우 좋은 입문서로 추천할 수 있습니다. 무한 경쟁 속에 생명을 이익 창출의 자원으로만 생각하는 신자유주의와 인류세 시대의 생명 논의가 보다 구체적인 실천과 행동으로 되기 위해서는 현재 WHO나 OIE 등의 국제 기구에서 기본 이념으로 삼고 있는 원헬스(One Health)나 최근 이를 확장시켜 제시되고 있는 행성 건강 (Planetary Health)과 함께 이 책을 살펴 보는 것이 좋을 것입니다.

우희종 / 서울대학교 수의과대학 교수, 생명정치재단 이사장

여는 글

우리가 동물을 대하는 태도에 내재된 문제들

리수야, 우리는 많은 생명들, 특히 동물들과 함께 지구라는 별에서 살아가고 있어. 가깝게는 반려동물이 있지. 집 밖으로 나가면 가끔 동네에서 마주치는 길고양이가 있고, 동물원에 가면 야생 동물이 있어. 그리고 보이지 않는 곳에서 다양한 목적으로 동물 실험에 사용되는 실험동물이 있으며 우리의 식생활을 떠받치고 있는 가축이 있단다.

대부분의 반려동물이 보호자의 사랑을 받으며 키워지지만 개중에는 여러 이유로 버려지는 반려동물들도 있어. 2019년도에는 13만 마리가 넘는 동물이 버려졌단다. 길고양이는 수시로 동물 학대의 대상이 되고 있지. 서울대공원 동물원의 동물들은 행동 풍부화 사업[1]으로 스트레스를 받지 않는 환경에서 살아가지만 여전히 비좁은 전시 공간에 갇혀 고통스러운 나날을 보내는 동물원 동물들이 적지 않아. 그리고 동물 실험은 '3R' 원칙[2]에 따라 이루어진다고 하지만, 실험동물은 지속적으로 증가하고 있어. 또 가축들은 공장식 축산이라고 불리는 열악한 환경 속에서 사육되며 고통받는 삶을 살고 있지.

우리는 동물을 어떻게 대하는 것이 바람직한 것일까? 이 책에서는 먼저 우리와 동시대를 살아가고 있는 다양한 영역의 동물들의 삶을 간략하게 살펴볼 거야. 그리고 가축들의 삶을 좀 더 깊이 살펴보려고 해. 가축은 전 세계적으로 인간이 가장 많이 사육하는 동물일 뿐만 아니라 동물과 관련된 모든 문제가 극명하게 드러나는 영역이기 때문이야.

가축을 대하는 방식을 살펴봄으로써 우리가 동물을 대하는 태도에 내재된 여러 문제를 살펴볼 수 있어. 특히 2010년 이후 주기적으로 가축 전염병이 발생하고 있으며, 그때마다 많은 수의 가축들을 살처분하고 있단다. 2010년 겨울, 대한민국은 끔찍한 악몽을 겪었어. 가축 전염병인 구제역이 발생하여 전국으로 퍼져나간 거야. 방역팀들은 혹한의 추위 속에서 구제역 전파 차단을 위해 도로 곳곳에 차단막을 설치하고, 통행 차량에 소독약을 살포했어. 도로에 뿌린 소독약이 얼어붙어 빙판을 이루어 지나다니는 사람들에게 불편을 주었어. 무엇보다도 끔찍했던 것은 300만 마리가 넘는 가축이, 그것도 산 채로 매장되었다는 점이야. 포크레인에 의해 구덩이에 떠밀린 돼지들은 다른 돼지를 밟고 구덩이를 빠져나오려 안간힘을 썼지만 산 채로 흙속에 파묻혔단다. 놀란 새끼 송아지는 커다란 눈망울에 눈물을 흘리며 어미소에 매달려 울부짖었고, 어미소는 송아지를 보호하려고 애썼어. 하지만 결국 어미소와 송아지는 같이 땅속에 파묻혔어.

돼지와 소들의 울음소리는 처절했어. 작업에 동원되었던 인부들은 몇 년간 그 울음소리가 귀청에서 맴도는 트라우마로 고생해야 했지. 구제역 사태가 발생했을 때 방송을 통해 살아 있는 소와 돼지가 생매장되는 장면을 본 많은 사람들은 큰 충격을 받았지.

충격적인 구제역 살처분에 가려졌지만 거의 매년 수천만 수의 가금류가 조류 인플루엔자로 인해 살처분되고 있어. 2019년에는 아프리카돼지열병(ASF)이 발생하여 경기도 이북 지역의 농장 돼지 40여 만 마리가 살처분되었어. 강화도의 경우 아프리카돼지열병이 발생하지 않았지만 예방적 차원에서 모든 돼지를 살처분했어. 더 나아가 멧돼지들이 아프리카돼지열병을 옮긴다며 사냥 허가가 떨어졌고 전국적으로 수천 마리의 야생 멧돼지들이 사냥꾼들에 의해 죽임을 당하였단다.

우리가 가축을 이렇게 대해도 되는 것일까? 방역 당국은 가축 전염병이 발생했을 때 가축 전염병 확산 방지를 위해 바이러스의 전파 경로를 추적하며, 발생 농장 주변 500m에서 3km 이내의 건강한 가축까지 모두 예방적 살처분을 하고 있어. 사람들은 이러한 가축 살처분에 대해 가축 전염병이 위험한 질병이기 때문에 어쩔 수 없는 선택이라고 생각하지. 하지만 구제역은 가축의 면역력이 건강하다면 대부분 스스로 회복될 수 있는 병이야. 구제역 발생 시 처음 살처분 정책을 실시한 영국에서 당시 농민들은 구제역을 사람의 감기처럼 대수롭지 않은 질병으로 생각했어. 심지어 과거에 우리나라에서는 아구창(구제역)이 발생하여 가축이 죽으면 고기가 드물던 시절에 고기를 먹을 수 있게 되었다며 좋아했다고 해. 구제역은 가축에게는 말할 것도 없고 사람에게도 큰 해가 없는 질병이었다는 것이거든. 그럼 도대체 왜 가축 전염병이 발생했을 때 가축을 대량 살처분하는 것일까?

가축 전염병이 발생했을 때 살처분 정책을 실시하는 것은 질병을 이해하는 환원주의적 질병관이나 정치경제적 배경 그리고 동물을 인간 중심적으로 바라보는 철학적 시각과 같이 여러 가지 측면이 복합된 결과야. 그 여러 측면들을 깊이 살펴보면 가축 전염병이나 그로 인한 살처분은 물 위에 떠 있는 빙산과 같다는 것을 알게 돼. 빙산은 우리 눈에는 물 위에 떠 있는 부분만 보이지만 사실은 물 아래 더 큰 얼음 덩어리가 존재하잖아. 가축 전염병과 관련된 문제 또한 눈에 보이는 사건 이면에 더 큰 문제들이 내재되어 있어. 그런데 그 내재된 문제는 방치한 채 눈에 보이는 빙산만 제거하려고 하기 때문에 문제는 계속 반복되고 있는 거야.

오늘날 우리 인류가 가장 심각하게 고민해야 하는 문제인 생태계 파괴와 기후 위기 또한 동물들의 삶과 무관하지 않아. 생태계 파괴와 기후 위기에 큰 영향을 끼치고 있는 영역 중에 하나가 세계적 규모로 이루어지고 있는 과도한 축산업이기 때문이지. 많은 생물 종이 멸종 위기에 처한 것은 종 다양성의 보고라고 불리는 열대우림이 파괴되고 있기 때문이야. 지구의 허파라고 불리는 아마존 열대우림은 2019년도에만 하루 평균 축구장 70개 면적인 약 50ha가 파괴되었어. 이렇게 파괴된 아마존의 70%는 가축의 방목장과 가축에게 먹일 곡물을 재배하는 용도로 사용되어졌어. 또 기후 위기를 심화시키는 온실가스인 이산화탄소 중 51%가 축산 영역에서 발생하고 있단다.

2018년 10월 송도에서 열린 기후변화국제협의체(IPCC) 총회에서는 2040년 전후 지구 평균 온도가 1.5°C까지 상승할 것이라고 경고했어. 2019년 호주 기후복원센터 정책 보고서는 2050년에는 기후 변화로 인하여 전 세계 대부분의 주요 도시가 사람이 생존할 수 없는 환경이 될 것이라고 경고했어. 그러한 경고가 얼마나 적중할지, 지구의 온도가 1°C씩

올라감에 따라 어떠한 결과가 야기될지 우리는 상상하기 힘들며, 우리의 미래 세대가 어떠한 세상을 살아갈지 알 수 없어. 다만 명확한 것은 하루가 다르게 기후의 급격한 변화는 현실화되어 지구촌 곳곳에서 폭염과 가뭄, 홍수, 혹한, 태풍, 산불 등 자연 재해가 급증하고 있으며, 현재의 환경에 적응하고 살아온 인류를 비롯한 많은 생명체들에게는 엄청난 시련의 시기가 될 것이라는 점이야. 생태계 파괴와 기후 위기를 극복하기 위한 우리 인류의 고민은 다양한 영역에서 동시에 이루어져야 해.

가축 전염병과 초국적 축산업, 그리고 기후 위기는 별개의 문제처럼 보이지만 서로 긴밀한 연관 관계가 있단다. 하지만 가축 전염병에 대하여 현재 실시되고 있는 방역 대책은 바이러스의 전파 차단에만 머물러 있고 사람들의 관심 또한 바이러스에만 한정되어 있어. 정작 우리가 보다 더 심각하게 고민해야 할 문제에 대해서는 외면하고 있는 셈이야. 그러는 사이에 근본적인 문제는 더욱 심각해지고 있단다.

지구의 생명은 지구 생태계라는 복층적인 연결망 속에서 존재해. 무엇 하나 홀로 존재하는 생명은 없으며, 모든 생명은 오랜 생명의 역사를 통하여 서로 긴밀하게 연결되어 있어. 하지만 사람들은 생명을 이러한 연결망 속에서 생각하지 않고 오직 인간의 당장의 이익만을 위한 수단으로 대하면서 오늘날 심각한 생태계 문제와 기후 위기를 야기하고 있어.

이 책은 우리가 동물을 어떻게 대하는 것이 바람직한 것인지에 대해 다뤄. 하지만 생태계 내에서 모든 생명은 관계 속에 존재하기 때문에 동물을 넘어 생명을 어떻게 이해하고 대하는 것이 바람직한 것인지 곰곰히 살펴보려고 해. 또한 온전한 생태계 속에서 우리 인류가 지속 가능한 삶을 살아가기 위한 방법이 무엇인지 고민해 보려고 해.

이러한 고민들에 대하여 어떤 해답을 명쾌하게 제시하는 것은 쉽지 않아. 문제를 유발한 근본적인 원인들이 인간의 끝없는 욕망이나 국제 정세와 같이 해결하기 쉽지 않은 부분들과 연결되어 있기 때문이야. 다만 이 책에서는 우리 공동체가 무엇을 좀 더 고민해야 하는지 드러내 보이고자 한단다. 그러한 문제 제기와 고민을 시작으로 공동체의 집단 지성은 총체적인 문제 해결책을 찾아 나갈 수 있을 거야. 또 동물을 소비하는 다양한 산업과 기후 위기는 각 개인의 행위가 복합적으로 누적된 결과란다. 그것을 드러내 보임으로써 각 개인은 자신의 사소하다고 생각할 수 있는 행위의 영향력을 인식하고 스스로의 행위를 고민할 수 있는 기회를 가질 수 있었으면 하는 거지. 그리하여 우리가 동물을 포함한 다른 생명들을 어떻게 이해하고 그들과 어떤 관계를 맺으며 살아가는 것이 바람직한 것인지 생각해 볼 수 있는 계기가 되었으면 하는 것이 아빠의 작은 바람이란다.

차례 

1. 우리와 함께 살아가는 동물들

2. 건강한 가축까지 살처분 하는 이유는 무엇인가

3. 가축 전염병에 대한 오해와 본질

4. 공장식 축산의 발단, 옥수수가 바꾼 세계

5. 공장식 축산에 갇힌 가축들

6. 인간 중심주의는 어떻게 견고해질 수 있었나

7. 우리는 동물을 어떻게 대해야 하는가

8. 생명에 대한 시각이 바뀌어야 할 때

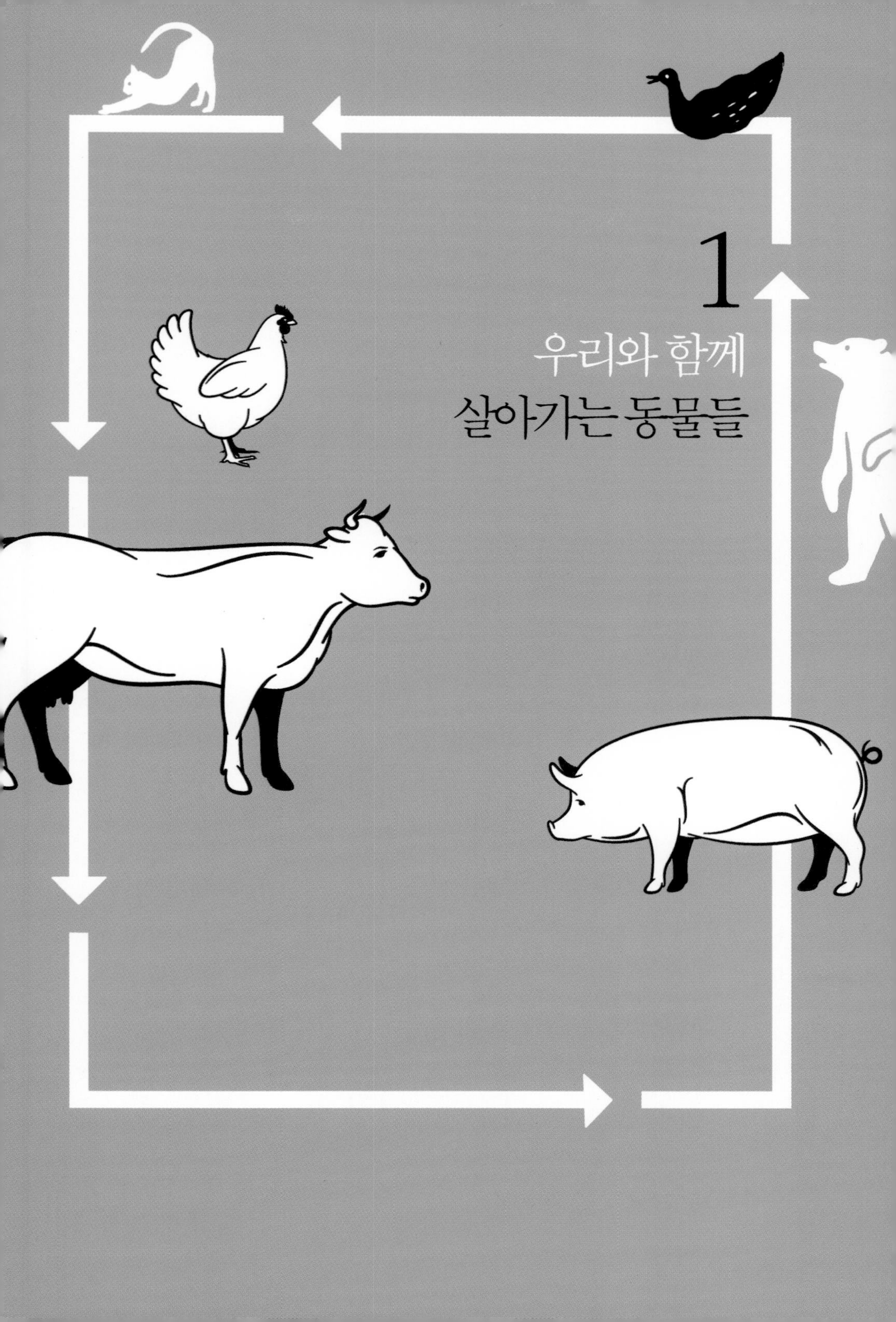
1
우리와 함께
살아가는 동물들

1
반려동물

아빠, '우리와 함께 살아 가는 동물들' 이라고 하니까 우리 집에 있는 강아지, 고양이, 기니피그가 떠올라요. 매일매일 관리하는 게 귀찮긴 하지만, 이제 얘네들이 없는 집은 상상이 안 가요.

장난스러운 고양이와 귀여운 강아지, 이 예쁜 반려동물들은 그냥 바라보는 것만으로 기분이 좋아지고 행복해지지. 이 동물들이 하는 행동을 보고 있으면 재미있고 신비롭기까지 해. 그래서 많은 사람들, 특히 어린아이들이 반려동물을 키우고 싶어하지. 게다가 반려동물을 키우면 자존감, 삶의 만족도 등이 높아지고 긍정적인 사고를 하게 되며 외로움이나 불안, 분노, 우울감 등의 부정적 감정이 저하되는 효과가 있다고 해. 살아 있는 생명을 돌보고 있다는 느낌에서 책임감과 만족감이 높아지고 같이 산책을 하면서 육체적 건강에도 도움이 돼. 또 반려동물을 키우는 사람들과 사회적 소통도 이루어져 행복감을 높여주기도 한단다. 이런 여러 가지 긍정적 효과 때문일까? 반려동물을 키우는 사람들이 많이 늘어났어. 통계를 보면 대략 1,500만 가구가 반려동물을 키우고 있다고 해. 반려동물을 키우는 사람들이 늘어나면서 동물을 대하는 시각도 긍정적으로 많이 변화했지만 어두운 그늘 또한 없지 않아.

예쁜 강아지와 새끼 고양이는 어디에서 오는 것일까? 예전에는 가정집에서 애완견을 키우면서 부업삼아 새끼를 받아 분양하는 사람들이 있었어. 그것을 가정 분양이라고 해. 하지만 어느 때부터인가 가정 분양은 거의 사라졌어. 집에서 반려동물의 새끼를 받는 과정도 힘들고 또 새끼를 여러 마리 낳으면 누군가에게 분양하는 것도 번거로운 일이며, 무엇보다 반려동물이 새끼를 한 번 낳고 나면 몸 상태가 변하기 때문이야. 오히려 질병 예방을 위해 불임 수술을 시키는 경우가 많아. 그로 인해 최근에 가정집에서 반려동물이 새끼를 낳는 경우는 거의 없어. 그럼 애완동물을 판매하는 펫샵에서 판매하는 그 많은 강아지와 새끼 고양이들은 어디에서 오는 것일까?

펫샵에서 판매하는 강아지와 새끼 고양이는 대부분 '강아지 공장(puppy mill)' 이나 '고양이 공장' 이라 불리는 번식장에서 태어난단다. 강아지 공장은 강아지를 낳아서 판매할 목적으로 어미 개를 키우는 곳이야. 보통 비닐하우스 같은 곳에 작은 철망장을 쌓아놓고 어미 개가 발정이 날 때마다 짝짓기를 시켜 강아지를 낳는단다. 강아지를 낳은 어미 개는 좁은 철망장 안에서 강아지를 키워. 한 달이 조금 넘으면 강아지를 빼내어 애견 경매장에 판매해. 어미 개는 6개월 정도의 주기로 발정이 오는데 그때마다 새끼를 낳다가 5~6살이 되어 몸 상태가 안 좋아져 더 이상 새끼를 낳지 못하게 되면 보신탕용으로 판매된단다.

강아지는 어릴 때에 어미 개로부터 다른 개들을 대하는 방법, 피해야 할 것, 사람을 대하는 법 등 앞으로 살아가면서 필요한 많은 것을 배워야 해. 하지만 어미 개와 함께 있는 시간은 한 달 정도의 젖 먹는 기간이 전부이기 때문에 강아지는 제대로 된 사회화 교육을 받지 못하고 있어. 그리고 너무 어릴 때에 어미 개로부터 떨어지면서 많은 스트레스를 받게 돼. 이런 것들은 나중에 반려인을 통해 사회화 교육을 제대로 받지 못하는 경우 문제 행동을 보이는 성견으로 성장하는 요인이 되기도 해.

펫샵에서 강아지를 분양받은 반려인은 강아지가 이미 어미 개와 경험했어야 하는 여러 가지 것을 경험하도록 해줘야 해. 그것이 '사회화 교육'이야. 하지만 많은 경우 반려인은 그런 과정의 필요성을 알지 못하고 예쁜 강아지를 집에서만 돌보다가 사회화 시기를 놓쳐 강아지에게 필요한 여러 가지 습관을 제대로 익히도록 하지 못하는 경우도 많아. 그 결과 강아지는 분리 불안이나 공격성을 비롯한 문제 행동을 보이는 성견으로 성장할 수 있고.

반려동물을 키우는 사람들이 증가하면서 동물 유기 문제가 대두되고 있어. 반려동물을 버리는 이유는 동물의 문제 행동, 보호자의 변심, 임신이나 이사와 같은 환경의 변화 등 여러 가지야. 이렇게 버려진 유기 동물이 매년 증가하여 2020년에는 13만 마리가 넘었어. 이 유기 동물들은 유기 동물 보호소에 보내져 공고 후 보호자가 찾아가지 않으면 임의로 처리된단다. 10일 내에 분양되는 동물도 있지만 절반 가량이 10여 일 만에 자연사하거나 안락사라는 이름으로 죽음을 맞게 돼. 유기 동물이 10여 일 만에 죽음을 맞는 곳, 그런 곳을 유기 동물 보호소라고 할 수 있을까?

하지만 너무 많이 버려지는 유기 동물을 처리할 방법이 없는 것이 현실이야.

2
길고양이

아빠, 유기 동물 숫자가 이 정도로 많은 줄 몰랐어요. 이렇게 버려져서 죽는 것보다는 차라리 길고양이의 삶이 낫지 않을까요?

길고양이는 도시에서 볼 수 있는 유일한 네 발 달린 동물이야. 다른 모든 네 발 달린 동물들은 모두 사람들에 의해 도시 공간에서 쫓겨났어. 그나마 길고양이가 살아남은 거야. 우리나라에서 이 길고양이들의 삶은 결코 녹록치 않아. 길고양이들은 수시로 동물 학대의 대상이 되곤 하지. 뜨거운 물을 끼얹는 것은 예사고, 새끼고양이를 잡아서 페인트칠을 하고, 공사 장비로 못을 쏘고, 쥐약을 고양이 사료에 섞어 죽이거나 신체를 훼손시켜 죽이는 학대 행위 등이 끊이지 않고 있어. 2016년 부산에서는 길고양이 600마리를 산 채로 뜨거운 물에 넣어 죽인 사건이 있었어. 그 행위자는 동종 전과가 없다는 이유로 집행 유예 처분을 받았다고 해.

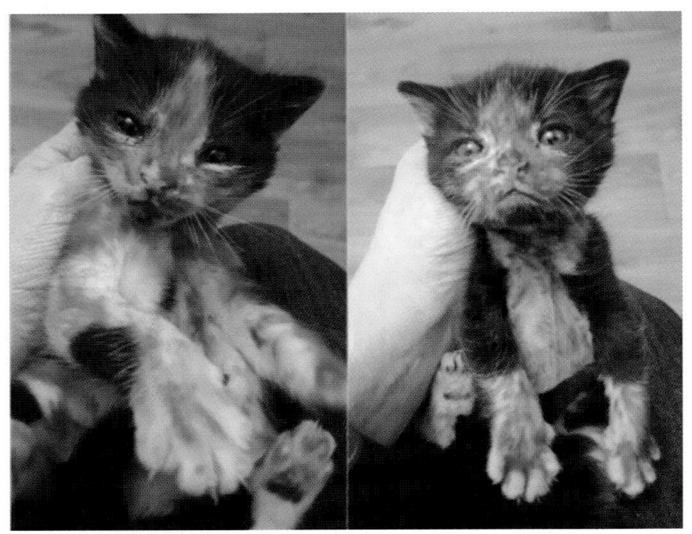
새끼고양이를 잡아 페인트를 칠한 후 SNS에 올린 사진.

이런 학대 행위의 대상은 단지 길고양이에서 그치지 않는단다. 아파트 단지와 같은 도시 환경에서는 길고양이들이 먹이와 물을 찾는 것이 쉽지 않아. 그래서 길고양이들에게 먹이와 물을 챙겨 주는 사람들이 있지. 이들을 '캣맘' 혹은 '캣대디'라고 부른단다. 이들은 길고양이들도 소중한 생명인데 먹을 것을 구하기 힘든 환경에 살아가는 것이 불쌍하고 안쓰러운 마음에 먹을 것을 챙겨줘. 그런데 사람들 중에는 이들이 길고양이에게 먹을 것을 준다며 심한 욕을 하고 심지어는 폭행을 가하기도 해. 그로 인해 캣맘들은 많은 스트레스를 받으며 사람들의 눈길을 피해 어두운 밤에 먹이를 주러 다녀. 배고픈 동물에게 먹이를 주는 행동이 욕먹을 만큼 비상식적인 행위일까? 우리 사회가 길고양이와 캣맘들을 이렇게 대해도 되는 걸까?

3
동물원 동물

아빠, 집도 없고 먹을 것도 없는 길고양이에 비하면 동물원이나 멋진 아쿠아리움에서 사는 동물들은 훨씬 안전하게 보호받는 것 아닐까요?

우리 주변에서 쉽게 볼 수 없는 동물을 볼 수 있는 곳이 동물원이야. 동물원에 가면 코끼리, 사자, 코뿔소, 악어, 공작새 등 TV에서나 볼 수 있었던 신기한 동물을 볼 수 있어. 아이들은 이런 낯설고 신기한 동물을 보는 것을 좋아한단다. 그래서 부모들은 아이들의 교육 차원에서 동물원에 자주 가지.

사람들은 동물원에서 신기함이 가득한 눈으로 전시된 다양한 동물을 구경해. 하지만 동물들은 여러 이유로 스트레스를 받는단다. 동물원의 야생 동물들은 종에 따라 제각각 특성이 있어. 북극곰은 추운 극지방에 살기 적합하도록 온 몸이 빽빽한 털로 덮여 있지. 이 북극곰에게 우리나라의 한여름 무더위는 진화의 과정에서 경험하지 못했던 고통스러운 환경이야. 사람을 사회적 동물이라고 부르듯이 코끼리를 포함한 많은 동물들 또한 사회적 동물이야. 이 동물들은 여러 마리가 무리를 이루고 서로 소통을 하며 지내야 해. 사회적 동물은 무리와 떨어져 혼자 있는 경우 소통할 대상이 없어 그 자체로 스트레스를 받아. 사람이 죄를 지어 감옥에 갇혔을 때, 더 엄벌을 할 필요가 있는 경우 독방에 가두기도 하는데, 그렇게 혼자 가두는 것 자체가 더 극심한 고통을 주기 때문이야. 혼자 전시되는 동물들은 그런 독방 생활을 하는 것과 똑같은 스트레스를 받아. 또 코끼리는 무리를 이루어 하루 50㎞ 정도의 초원을 돌아다니는 동물이야. 그리고 치타나 돌고래와 같이 빠른 동물들은 더 넓은 지역을 돌아다니는 동물들이지. 이 동물들을 좁은 곳에 가둬 두는 것은 그 자체로 심각한 스트레스가 된단다. 예전에 제주의 모 아쿠아리움에 두 마리의 고래상어를 전시한 적이 있었어. 몸 길이가 10m 가량 되는 고래상어는 한 번의 지느러미질로 수백 미터를 헤엄쳐나가며 하루 수백㎞를 돌아다니는 동물이지. 그런 고래상어에게는 사람이 보기에 커다란 수족관도 너무나 비좁은 공간일 뿐이야. 그런 수족관에 고래상어를 가두어두는 것은 그 자체로 극심한 스트레스가 돼. 결국 얼마 있지 않아 고래상어 한 마리가 죽음을 맞이했어. 많은 동물원의 바닥은 청소를 편하게 하도록 콘크리트로 되어 있는데 그런 환경은 초원을 달리던 야생 동물들에게는 고통스러운 환경이야. 그리고 많은 동물들은 자신을 보호해야 하기 때문에 다른 동물의 눈에 띄는 것을 경계하지. 그런 동물은 노출되는 공간에 전시된다는 것 자체가 스트레스야. 이와 같이 동물원에 전시된 야생 동물들은 여러 가지 이유에서 많은 스트레스를 받고 있단다.

동물원에 전시된 동물들을 자세히 살펴보면 무의미한 행동을 반복하는 동물을 볼 수 있어. 머리를 좌우로 계속 흔드는 코끼리와 곰들, 좁은 공간을 끊임없이 정신없이 왔다 갔다 하는 족제비, 피부를 피가 날 때까지 긁는 원숭이들. 이렇게 무의미한 행동을 반복하는 것을 정형 행동(Stereotypic Behavior)이라고 해. 이런 행동은 지속적인 스트레스가 쌓여 나타나는 정신 이상 증세야.

이런 문제를 해결하기 위해 서울대공원 동물원에서는 각 동물의 습성에 맞춰 다양한 환경을 제공해주려고 노력하고 있어. 원숭이에게 나무 그물과 정글을 만들어주고, 산양들이 오르내릴 수 있는 돌산을 만들어주고, 공격성이 없는 여러 종류의 초식동물들은 커다란 울타리에 같이 지낼 수 있도록 해주고, 거북이에게 구멍이 뚫린 공에 여러 야채를 넣어주어 꺼내 먹도록 하는 등의 활동을 해. 이런 활동을 '행동 풍부화(Behavioral enrichment)' 라고 하며 동물원 동물이 다양한 자극을 경험할 수 있도록 해주어 단조로운 생활에서 오는 스트레스를 완화해준단다.

서울대공원 동물원을 비롯하여 몇몇 규모가 있는 동물원은 전시 동물들에게 좀 더 편안한 환경을 만들어주기 위해 '행동 풍부화 프로그램' 과 같은 활동을 하고 있지만, 규모가 작고 열악하여 그런 활동은 생각하지도 못하는 동물원들도 있어. 사람들은 규모가 큰 몇 군데의 동물원만 생각나겠지만 우리나라에는 91개소의 크고 작은 동물원이 있단다(2018년 기준). 이 동물원 중에는 규모가 작아 동물을 위해 넓은 공간을 제공하거나 다양한 행동 풍부화 활동을 할 여건이 되지 못하고 좁은 공간에 동물만 전시하는 곳이 적지 않아. 어떤 곳은 경영 상태가 좋지 않아 먹이도 충분히 주지 못해 동물들의 뼈가 앙상히 드러나기도 해.

4
실험동물

아빠, 인간에게 직접 할 수 없는 실험이라면 실험동물은 어쩔 수 없이 필요한 것 아닌가요?

리수야, 매우 많은 수의 실험동물이 매년 동물 실험에 사용되고 있어. 2018년에는 우리나라에서 사용된 실험동물만 372만 마리야. 이렇게 많은 실험동물들은 어떤 실험에 사용되었을까? 동물 실험은 신약 개발이나 화장품, 소독제, 농약, 인체에 접촉하는 새로운 화학 물질, 기능성 식품 등 인체에 영향을 줄 수 있는 다양한 물질의 영향을 평가하기 위해 실시되고 있어. 사람들은 새로 개발된 물질의 위해성을 사람을 대상으로 실험할 수 없기 때문에 실험동물을 대상으로 실시할 수밖에 없지 않느냐고 생각하지. 이러한 생각은 동물에게서 나타나는 반응이 인간에게도 똑같이 나타날 거라는 가정 아래 이루어진단다. 하지만 실제로는 그렇지 않아.

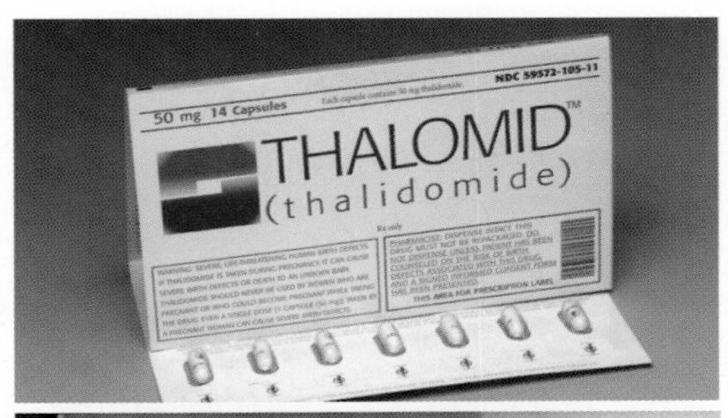

탈리도마이드를 복용하고 팔이 짧게 태어난 아이.

전형적인 사례가 1956년에 발생한 탈리도마이드 사건이야. 탈리도마이드는 아침에 속이 더부룩한 상태를 개선하기 위해 개발된 약인데, 임신부들의 입덧을 완화시키는 효과를 보이면서 많은 임신부들이 이 약을 복용했단다. 문제는 그 즈음 팔다리가 물개의 지느러미처럼 짧은 기형아들이 많이 태어났다는 거야.

질병 연구관들은 역학 조사를 통해 임신부들이 공통적으로 탈리도마이드를 먹었다는 것을 밝혀냈어. 그래서 탈리도마이드의 판매를 금지시키고 정말 탈리도마이드가 기형아 출산의 원인인지를 알아보기 위해 동물 실험을 실시하였지. 하지만 다양한 동물에게 탈리도마이드 적용 실험을 하였지만 동물들은 모두 건강한 새끼를 낳았단다. 그래서 기형아 출산은 탈리도마이드와 관련이 없는 것으로 결론을 맺고 다시 시판을 허용하였지. 그리고 1962년까지 세계 각국에서 1만 명이 넘는 기형아가 출산되었단다. 무엇이 문제였을까?

사람들은 동물과 인간이 어떤 물질에 대하여 비슷한 반응을 보일 것이라고 생각해. 특히 유전자가 비슷한 동물에 대해서는 더욱 그래. 하지만 어떤 물질에 대해서는 비슷한 반응을 보이기도 하지만, 또 어떤 물질에 대해서는 전혀 다른 반응을 보이기도 해. 인간과 유인원은 유전자가 97~99% 일치하지만 1~3%의 차이로 인해 인간과 유인원이 된단다. 유전자의 차이는 단지 종의 차이일 뿐만 아니라 체내의 다양한 생화학 반응의 차이 또한 유발해. 그러므로 물질에 따라서 인간과 유인원이 비슷하게 반응할 수도 있지만 다르게 반응할 수도 있어. 결국 어떤 물질이 인간에게 해로운지 아닌지를 명확하게 확인하고자 한다면 인체를 대상으로 실험을 할 수밖에 없어. 이것이 동물 실험의 한계야.

동물 실험을 하는 과정을 보면 많은 실험동물들이 고통을 받는단다. 이렇게 실험동물의 고통과 동물 실험의 한계 때문에 근래에 들어서는 동물 실험을 엄격히 제한하고 있어. 동물 실험을 하고자 한다면 동물 실험의 '3R' 원칙에 따라 가능한 한 동물이 아닌 다른 실험재로 대체(Replacement)하고, 실험동물의 수를 줄이고(Reduction), 실험하더라도 고통을 완화(Refinement)시켜 주기 위해 최대한 노력하여야 한단다. 그리고 동물 실험을 하고자 한다면 실험동물운영위원회(IACUC)의 심의를 거쳐 실시하도록 제도화되었지. 동물 실험에 대한 인식이 변화되면서 많은 나라에서 동물 실험을 줄이려는 노력을 하고 있단다. 유럽은 2004년부터 화장품 원료에 대한 동물 실험을 금지하였으며 2013년부터는 동물 실험이 실시된 화장품은 판매까지도 금지시켰지.

우리 나라에서도 2013년부터 '실험동물에 관한 법률' (약칭 : 동물실험법)이 시행되고 있으며 동물 실험을 실시하려고 하는 기업이나 연구소는 동물 실험의 윤리성, 안전성 및 신뢰성 등을 확보하기 위하여 실험동물운영위원회(IACUC)를 설치하고 운영하도록 규정하고 있어. 이 규정에 의해 2019년 국 · 공립대학, 의료기관, 기업 등에 410개 소의 실험동물운영위원회가 운영되고 있어. 실험동물운영위원회는 꼭 필요한 동물 실험인지, 동물 실험 시설은 적절하게 운영되고 있는지, 실험동물은 고통받지 않는 환경에서 사육되고 있는지 등을 심의한단다.

이러한 노력들이 반영되었다면 동물 실험은 갈수록 줄어들었어야 해. 그런데 우리나라에서는 2018년의 경우 전년도에 비해 20.9%가 증가하는 등 매년 동물 실험이 증가하고 있어. 그 이유는 무엇일까? 그것은 실험동물운영위원회에서 동물 실험 여부를 심의한다고 하지만, 연구자들이 심사 기준에 맞춰 실험 계획서를 '잘' 작성하기 때문에 거의 대부분의 동물 실험 계획서는 통과되는 실정이야. 2018년 실험동물운영위원회의 심의 결과를 분석해 보면 심의를 실시한 동물 실험 계획 중 미승인된 건은 0.5%에 불과해. 그래서 실험동물운영위원회의 심의는 형식적 절차일 뿐이라는 비판을 받기도 한단다.

5
축산 동물

아빠, 솔직히 지금까지 축산 동물을 함께 살아 가는 동물이라고 생각해보지 못했던 것 같아요. 고기는 그냥 좋아하는 음식일 뿐, 가축은 실생활과 동떨어진 존재여서 깊이 생각해 본 적이 없었던 것 같아요.

소비자 입장에서는 음식이라고 할 수 있지만, 축산 동물은 분명 음식 이전에 생명이지. 오늘날 농장은 생산성 향상이라는 명목으로 가축의 움직임을 최소화하여 체중 증가율을 높이기 위해 최대한 좁은 공간에서 가축을 사육하고 있어. 전통적인 방목형 축산과는 달리 이렇게 생산성을 우선시하여 높은 조밀도의 시설에서 가축을 밀집 사육하는 축산 방식을 '공장식 축산(factory farming)' 이라고 해.

공장식 축산은 1940년대 미국에서 폭증한 옥수수 생산량을 바탕으로 시작되었단다. 항생제가 개발된 후 본격적으로 자연의 영향을 받지 않는 좁은 실내 공간에 밀집 사육을 하면서 형태를 갖추게 되었고, 시간이 지남에 따라 규모가 더욱 커졌어. 우리나라 농가들 또한 수입 축산물과 가격 경쟁을 하다 보니 부업으로 가축을 키우던 부업 축산농은 정리되고, 대규모 공장식 축산농이 주류를 이루게 되었지. 이와 같은 대규모 공장식 축산 시설은 막대한 초기 비용을 감당하기 위해서, 생산물이 시장에 넘쳐나더라도 시설을 최대한 가동해야 해. 또 최대한 짧은 기간 동안 사육하여 회전율을 높임으로써 최대의 이윤을 얻고 있지.

양계장

양계는 달걀을 생산하기 위한 용도로 키우는 산란계와 고기를 먹기 위해 키우는 육계로 나뉘어. 닭의 품종은 500여 종이 넘지만, 축산 기업은 더 많은 달걀과 고기를 생산할 수 있는 소수 품종만을 선별 육종하여 집중 사육하고 있어.

국내에서 사육 중인 산란계는 하이라인 브라운, 로만 브라운, 브라운닉 3개 품종이 95%를 차지해, 부화장에서 3주 만에 인공 부화한 병아리 중 약 40%에 이르는 수평아리들은 태어나자마자 분쇄기 속으로 들어가. 알을 낳을 수 없는 수평아리는 육계용으로 개량된 수평아리보다 체중 증가 속도도 느리고 산란계 농장에서 불필요하기 때문이지. 2016년 기준 산란계 사육 규모는 전국적으로 7,100만 수였어. 수평아리의 부화 비율이 약 40%인 점을 고려했을 때 대략 매년 2,800만 수의 수평아리가 부화하자마자 죽음을 맞는 것으로 추정할 수 있어.[3] 독일에서는 이런 수평아리의 죽음을 막으려고 수평아리를 사육하는 대신 달걀의 가격을 올려

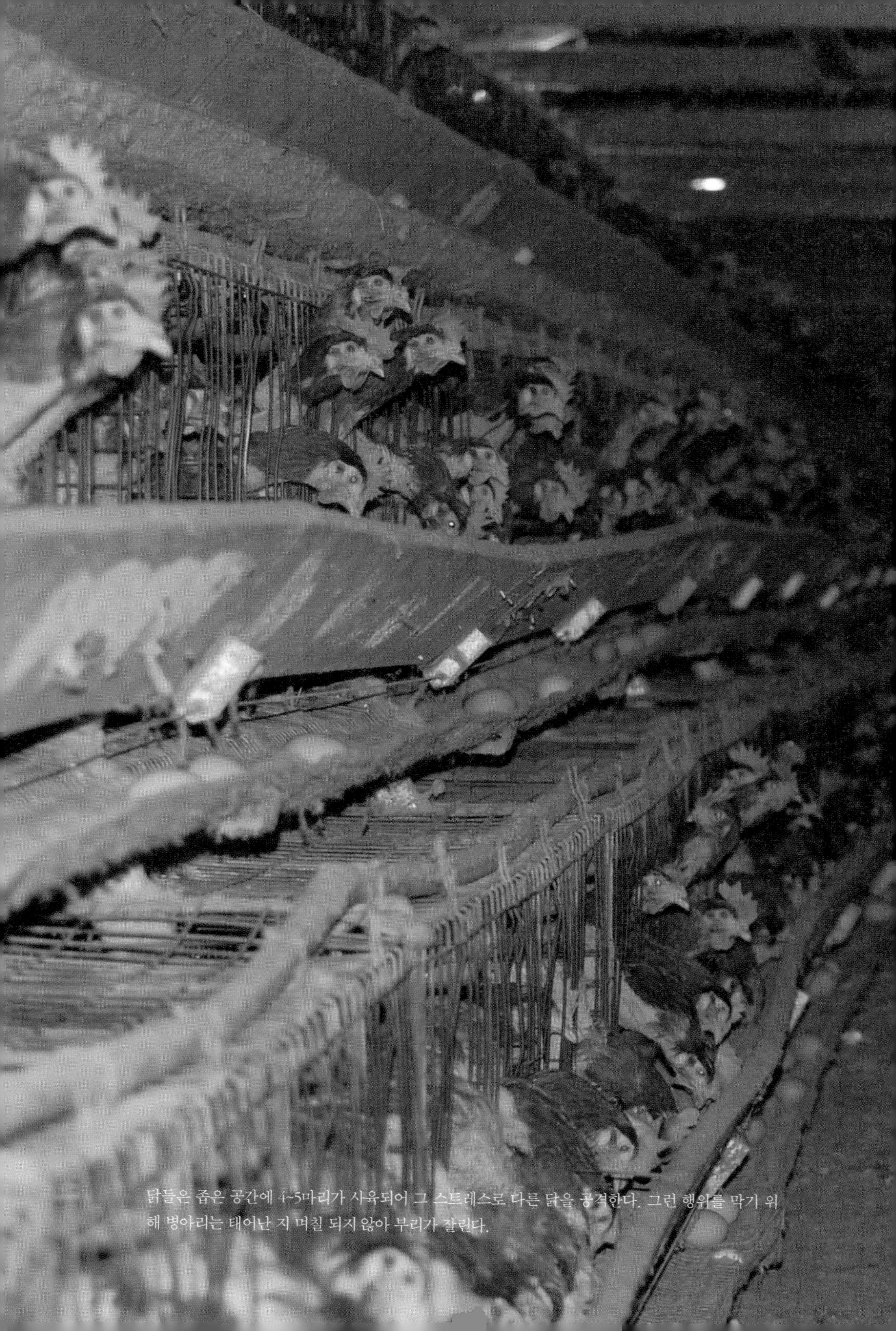

닭들은 좁은 공간에 4~5마리가 사육되어 그 스트레스로 다른 닭을 공격한다. 그런 행위를 막기 위해 병아리는 태어난 지 며칠 되지 않아 부리가 잘린다.

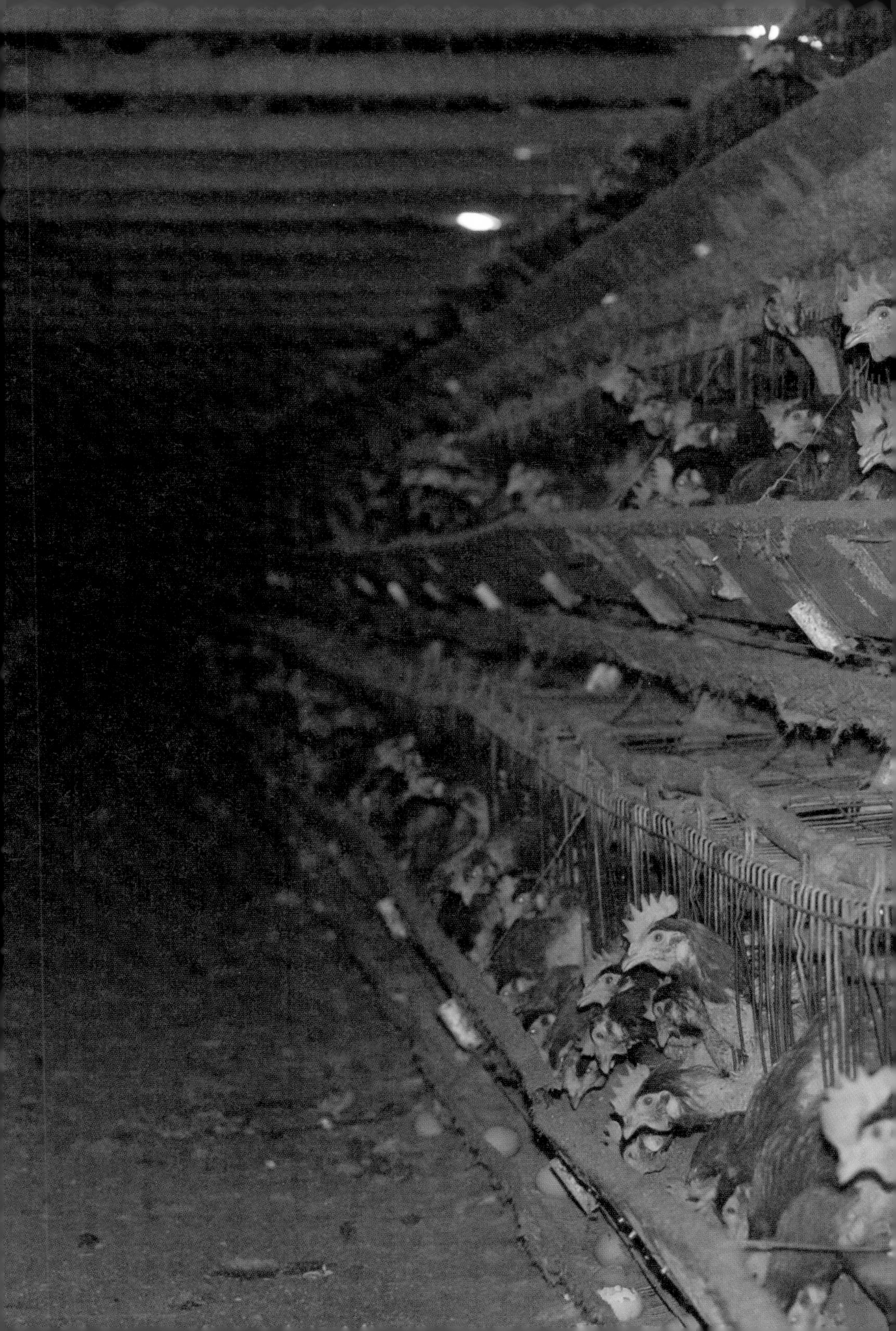

서 판매하거나 부화되기 전에 달걀의 성별을 분별하는 기술을 개발하였단다.[4]

산란계 양계장은 케이지를 3단에서 12단까지 쌓아놓는데 보통 한 케이지에 5~6수씩 가둬 키워. 미국에서는 사육되고 있는 산란계의 98%, 한국에서는 사육되고 있는 산란계의 95%가 케이지 시설에서 사육돼.[5] 최근에는 닭의 잠자는 시간을 줄여 산란율을 높이기 위하여 햇빛을 차단하고 더 많은 시간 조명을 켜주는 무창(無窓) 계사가 주류를 이루고 있어. 2005년까지만 하더라도 농장당 3만 수 정도가 평균적인 사육 규모였으나, 규모가 큰 무창 계사 시설이 보급되면서 10만 수 이상 사육하는 사육 농가가 전체 달걀의 60%를 생산할 정도로 산란계 농장의 대규모화가 이뤄졌지. 5만 수 이상의 대형 농장 300여 곳의 달걀 생산량이 전체 생산량의 80%를 차지한단다.[6]

닭은 떼를 지어 군집 생활을 하는 사회적 동물로 사회적 위계 질서를 쪼기 서열로 결정해. 그런데 닭들을 비좁은 닭장에 가두어 기르는 바람에 스트레스가 쌓여 공격성이 증가하여 다른 닭의 머리나 항문을 피가 날 때까지 쪼는 행동을 한다는구나. 이러한 행동을 카니발리즘(cannibalism)이라고 해. 양계업계는 이런 카니발리즘을 방지하기 위해 병아리가 부화한 지 5~7일이 되면 통증을 줄이기 위한 마취와 같은 어떤 조치도 없이 부리를 잘라. 병아리들은 부리 자르기로 인해 극심한 고통을 겪는단다.

닭은 생후 18~20주령부터 산란을 시작하고 1년이 지나 털갈이할 때가 되면 산란율이 저하된단다. 그때가 되면 털갈이를 빨리 마치고 산란을 하게 하려고 강제 털갈이(강제 환우)를 시켜. 시간이 곧 비용이기 때문이지. 강제 털갈이를 위해서 닭장의 빛을 차단하고 2~9일 동안 물과 사료를 주지 않아. 이런 환경에서 닭들은 극심한 스트레스를 받아 털이 강제로 빠지는 거야. 이 과정에서 폐사되는 닭들도 많아. 양계업에서는 경제적인 폐사율을 4%로 설정하고 있어. 4% 정도의 닭이 굶어 죽으면 물과 사료를 다시 급여하기 시작해. 2008년 설문 조사에서 산란계 농장주 중 86%가 강제 털갈이를 1년에 1회 실시한다고 답변했어.[7] 반면 유럽이나 호주에서는 모이를 주지 않는 등의 방법을 통한 강제 털갈이를 금지하고 있어. 산란을 시작하면 연간 300개 정도의 달걀을 생산하고 70주령 정도가 되었을 때 도태하여 고기로 활용돼. 국내에서는 산란계의 경제 주령을 78주로 잡고 있단다.[8]

닭의 자연 수명은 20~30년 정도지만 국내의 공장형 양계장에서 육계용 닭은 1.5~1.8kg의 몸무게가 될 때까지 약 32일 동안 사육돼. 하루에 50g씩 체중이 느는 거야. 이렇게 빨리 체중이 증가하기 때문에 '팝콘 치킨' 이라고도 불러. 육계용 닭은 덜 먹고도 빨리 크도록 개량되어, 몸무게를 1kg 찌우는 데 사료가 1.7kg 정도밖에 들지 않아. 육계에게는 생후 첫 주 동안, 혹은 병아리 시기 내내 하루 24시간 조명을 켜둬. 그렇게 하면 병아리들이 쉬지 않고 먹거든. 그런 다음 하루 네 시간쯤 조명을 꺼 잠을 잘 수 있게 해. 딱 죽지 않을 만큼만 재우는 거야. 동물이 건강하게 성장하기 위해서는 근육과 뼈 그리고 심장이 균형을 이루며 성장해야 해. 신체가 균형적으로 성장하지 않고 근육 위주로 급격히 체중이 증가하는 경우 다양한 문제가 발생한단다. 육계용 병아리는 가슴과 다리를 중심으로 살이 급속히 쪄 원인을 알 수 없이 급사하는 경우가 다발해. 1~4%의 병아리들이 갑작스러운 돌연사 증후군으로 경련을 일으키다가 죽어가. 농부들은 이것을 깔딱병이라고 한단다. 전 세계적으로 가금류의 5% 정도가 과도한 체액이 체강을 채우는 복수 증상으로 죽어. 눈의 손상, 뼈의 세균 감염, 내출혈, 빈혈, 다리와 목의 뒤틀림, 호흡기 질병, 면역 체계 약화는 공장식 양계장에서 발생하는 고질적인 문제야.[9] 시간이 지날수록 이러한 문제들이 누적되어 폐사율이 증가하기 때문에 최근에는 사육 일수를 32일까지 단축하여 도축한단다. 병아리들을 출하한 후 청소하고 소독하고 다음 병아리들을 맞을 준비를 해. 이런 과정을 반복하며 대규모 양계장은 연평균 5.1회 회전을 한단다.[10]

양계장의 닭들은 자신이 배설한 배설물 위에서 생활해. 그래서 양계장은 지독한 암모니아 냄새와 먼지로 가득 차 있어. 일반인은 암모니아 냄새로 인해 숨쉬기도 힘든 정도야. 육계 농장에서는 병아리를 들인 후 30여 일 사육한 후 출하할 때 사육장을 한 번 청소해. 산란계들은 층층이 쌓여 있는 케이지에서 위층에서 떨어지는 배설물과 사료 부스러기, 깃털과 비듬 속에서 생활한단다. 그러다보니 육계든 산란계든 면역력이 저하되어 호흡기 질병에 취약해질 수밖에 없어. 닭들은 털 속의 닭진드기를 제거하기 위한 털 고르기나 모래 목욕을 해야 해. 그런데 그렇게 할 수 없는 환경이기 때문에 닭진드기는 양계장의 고질적인 문제야. 이 문제를 해결하기 위해 일상적으로 농약 살충제를 이용해 닭 진드기 박멸을 시도하려다 보니 지난 2017년 '살충제 계란 파동' 이 발생하기도 했어.

양돈장

양돈장의 현실도 여러 가지 면에서 양계장과 비슷해. 돼지도 전 세계적으로 많은 종이 있지만, 국내 비육돈의 경우 대부분이 요크셔(Y), 랜드레이스(L)의 교배종에 고기 맛이 좋은 듀록(D)의 정액을 주입한 YDL종이야. 이 종은 성장이 빨라 태어난 지 180일 정도면 몸무게가 115kg을 넘거든. 생후 2~3년이 돼도 80~90kg 수준인 재래종 돼지와는 성장 속도 면에서 차이가 크지.

새끼돼지는 태어난 지 2~3주가 되면 어미에게서 떼어내 보육 시설로 옮겨져. 농림부가 규정한 '가축 사육 시설 단위 면적당 적정 사육 기준'에 따르면, 비육돈은 평당 3마리를 기를 수 있으나, 실제로는 10마리까지 사육하는 경우도 흔해. 2010년 통계를 보면, 규모가 100마리 미만인 농장의 돼지 한 마리당 평균 면적은 0.57평이었지만, 5,000마리 이상의 대규모 농장의 경우 마리당 0.39평에 불과해. 육성돈은 움직일 공간이 좁아야 칼로리를 적게 소비하므로 덜 먹고도 살이 더 많이 찌기 때문이야. 번식용 암퇘지는 반복적으로 인공 수정을 당하고 스톨(stall)이라 불리는 움직일 공간조차 없는 분만틀에 갇혀서 새끼를 낳아.

암퇘지는 분만할 때가 되면 새끼돼지를 낳을 자리를 준비하고 싶은 강한 욕구가 생겨. 하지만 그런 욕구를 실현할 수 없기 때문에 스트레스가 누적돼. 세상 모든 동물의 어미가 그렇듯이 암퇘지 또한 새끼를 보듬고 핥아주고 싶지만 꼼짝할 수 없는 틀에 갇혀 있으므로 그런 본능은 완전히 무시된단다. 공장식 축산업을 옹호하는 사람들은 어미 돼지가 새끼들을 밟아 죽일 수 있기 때문에 분만틀이 필요하다고 주장해. 하지만 자연의 어느 어미도 제 새끼를 일부러 밟아 죽이지는 않아. 열악한 사육 환경으로 인하여 스트레스가 누적되어 발생하는 사고인 거지. 현재 공장식 축산 농장은 근본적인 스트레스 원인을 줄여주기 위해 환경을 개선하기보다는 새끼를 밟아 죽이지 못하도록 좁은 틀 속에 가둔 거야. 유럽연합은 2013년도부터 스톨의 사용을 금지했어. 번식용 암퇘지는 생산 능력이 저하되면 도살돼. 평균 3.5회를 쉴 새 없이 출산한 다음에 솎아내기를 당하고 살아남은 암퇘지는 약 3~4년 동안 예닐곱 차례 더 새끼를 낳는 과정을 반복하고 도살된단다.[11]

돼지들은 사회성이 높은 동물로 동료 돼지들과 원만한 관계를 맺어. 깨끗한 환경을 좋아하고 뛰어놀기, 햇볕 쬐기, 풀 뜯어 먹기, 진흙 목욕하기, 바람 쐬기와 같은 행동들을 좋아해. 그런데 공장식 돼지 농장에서는 콘크리트 바닥의 비좁고 불결한 우리에 밀집 사육되어 매우 따분하고 단조로운 생활을 하게 돼. 이로 인해 누적된 스트레스는 다른 돼지의 꼬리를 물어뜯는 등 공격성을 띠는 카니발리즘 행동으로 나타나. 이러한 행동을 막기 위해 병아리의 부리를 자르듯 돼지들도 태어나자마자 마취와 같은 처치 없이 송곳니와 꼬리를 자른단다. 꼬리를 자르는 것이 특별한 이점도 없고 도리어 돼지에게 고통만 안겨 주기 때문에 유럽연합은 1991년부터 금지했어.

육성돈은 일반적으로 몸무게가 110kg 정도 되면 도축되는데 그때가 대략 생후 약 160~170일쯤이야. 육성 돈사는 비좁고 환기가 제대로 되지 않아 오줌 냄새, 똥 냄새, 사료 냄새 등이 뒤범벅 되어 일반인들은 숨조차 제대로 쉬기 힘들지. 이 유독 가스로 인해 사육되는 돼지에게 가장 문제가 되는 것은 만성 호흡기 질환이야. 육성 돈사에서 배출하는 가스는 폐 질환, 구역질, 코피, 우울증, 뇌 손상 등을 유발해. 축사는 독성 가스가 가득 차서 1년 365일 하루도 쉬지 않고 환풍기를 돌려야 하며 가끔 정전이 되는 경우 환풍기가 멈춰 돼지들이 질식사하기도 한단다. 열악

어미 돼지가 분만틀에 갇혀 새끼돼지에게 젖을 먹이고 있다.

한 환경은 양돈장의 높은 폐사율로 이어져. 국내 돼지의 폐사율은 2009년 11.4%였으며, 특히 새끼돼지 폐사율은 24.7%나 돼.[12] 이러한 환경에서 돼지를 사육하기 위해 먹이에 항생제, 구충제 등을 섞어 급여하는데, 이 약들은 공장식 돼지 축산업에서 흔한 호흡기 질환과 싸우려면 필수적이야.

소 축산

송아지는 270~280일 정도의 수태 기간을 거쳐 태어나. 소는 고기를 먹기 위한 고기소와 젖을 얻기 위한 젖소로 구분해. 소의 자연 수명은 25~40년 가량이지만 송아지 단계, 성장시키는 육성 단계, 살찌우는 비육 단계를 거쳐 600kg이 될 때까지 2~3년 정도 사육하여 도축한단다. 한우 암소는 15~18개월이 되었을 때 처음으로 번식을 시키고, 두세 번 송아지를 낳은 후 도축해. 따라서 한우 암소의 평균 수명은 4~5년이야. 젖소는 5~6년 령이 되어 우유 생산량이 감소하게 되면 도축한단다.

고기소로 태어난 송아지는 태어나서 아주 잠깐 어미젖을 먹고, 태어난 지 3~4일이 되면 분유나 대용유를 먹어. 생후 3~4개월이 되면 송아지 체중이 90~110kg이 되는데 이때부터 사료를 본격적으로 먹이기 시작한단다. 6~8개월에서 12개월 령까지를 육성기라고 하며 주로 볏짚, 수입 건초, 곡물 사료를 먹여 사육해. 비육 단계에 이르면 본격적인 공장식 축산이 시작돼. 마블링을 만들기 위해 체중이 400~600kg이 될 때까지 3~5개월 동안 곡물 사료를 먹여 살을 찌워. 곡물 사료는 옥수수와 대두를 기본으로 항생제 · 비타민 · 미네랄 등을 섞어서 만들어. 이때 사용되는 옥수수와 대두는 대부분이 유전자 조작 곡물(GMO)이야. 소는 4개의 위를 가진 반추동물로 원래 풀을 뜯어 먹고 되새김질을 하며 장내의 정상 세균총에 의해 풀을 분해하여 그 과정에서 생성된 영양분을 섭취하여 성장하는 동물이야. 하지만 곡물을 먹는 경우 위에서 곡물이 급속히 발효되어 반추위 내부가 산성화(acidosis)되고 정상 세균총이 파괴되지. 그런 상태에서 소화계의 악화를 예방하기 위하여 성장 촉진제라는 명목으로 항생제를 사료에 첨가하여 먹이는데, 이로 인하여 소화에 도움이 되는 유익한 미생물은 사멸되고, 사람에게 식중독을 유발하는 병원성 대장균 O-157이 발생할 수 있게 돼. 일상적으로 투여되는 항생제는 항생제 내성균을 증가시키는데, 2017년 실시된 가축의 항생제 내성 실태 조사에서 테트라사이클린(tetracycline), 스트렙토마이신(streptomycin), 암피실린(ampicillin)과 같은 항생제에 내성이 높은 대장균이 검출되었어.[13] 축산용 항생제에 의한 내성균의 출현은 이런 축산물을 소비한 소비자에게도 문제가 될 수 있어. 동물용 항생제의 부작용 문제가 대두되면서 2011년 7월부터 배합 사료에 항생제를 첨가하는 것을 금지하고 있어. 하지만 여전히 많은 양의 항생제가 가축 사육에 사용되고 있지. 2018년도에는 960톤의 항생제가 축·수산 영역에 사용됐다고 해.[14]

소의 위에서 급격히 생성된 가스가 제때 배출되지 않으면서 위가 뒤집히는 경우도 있어. 이를 고창증이라고 하는데 바로 수술로 교정해주지 않으면 위장이 꼬여 죽게 돼. 또 과다하게 생성된 가스는 흡수되어 장기의 손상을 야기한단다. 이를테면 도축된 소의 10% 가량은 간 괴사가 진행되어 식용으로 사용할 수 없어 폐기 처리돼. 폐기해야 할 정도로 간 괴사가 진행된 것이 10% 가량이고 다른 소들도 어느 정도씩 간 손상이 있어. 그만큼 원래 먹이가 아닌 곡물 사료의 섭취가 다양한 건강 문

배설물이 뒤섞인 열악한 사육장에서 사육되는 소들에게 유방과 발굽의 염증은 흔한 질병이다.

제를 일으키고 소에게 고통을 준다는 이야기야. 정상적으로 풀을 뜯어 먹는 초식동물의 근육에는 다량의 지방이 축적되지 않아. 그런데 옥수수와 대두로 만든 사료를 먹여 사육한 소의 근육에는 지방이 축적돼. 이렇게 근육 사이에 지방이 많이 축적된 쇠고기의 판매를 촉진하기 위하여 쇠고기 품질 등급 평가 기준은 지방이 많이 낀 쇠고기에게 높은 등급을 부여하고 있단다. 그로 인해 사람들은 마블링이 많은 쇠고기를 고급육이라고 인식하고 소비를 하고 있지. 쇠고기의 지방은 소비자의 체내에 축적되어 심장 질환을 비롯한 다양한 현대병의 질병 발생률을 높였단다.

젖소의 사육 환경도 열악하기는 마찬가지야. 대부분의 사육 소들은 대소변이 쌓여 있는 사육장에서 사육되며 이로 인해 유방이나 발굽에

세균이 감염되어 유방염이나 부제병(腐蹄病)을 앓게 돼. 이는 소에게 흔한 질병이야.[15]

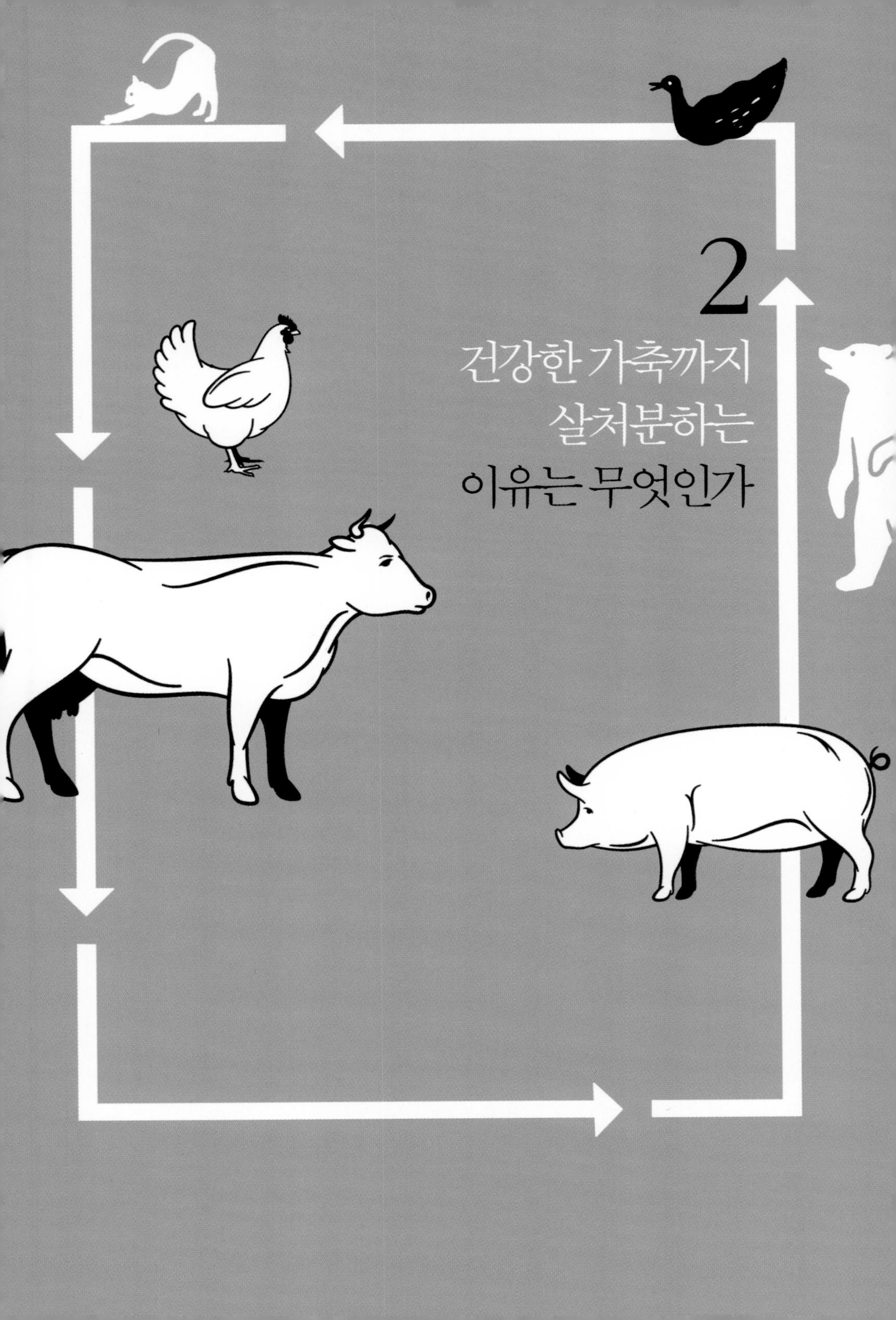

2
건강한 가축까지 살처분하는 이유는 무엇인가

1
건강한 가축까지 살처분 하는 이유

아빠, 우리와 함께 살아 가는 동물들에 대해서 쭉 들어보니 생명을 너무 인간 중심으로 이용하는 것은 아닌지 문제 제기가 돼요. 특히 축산 동물을 대하는 방식은 너무 잔인한 거 아닌가요?

다양한 영역에 있는 동물들은 우리 인류와 동시대를 살아가면서 많은 고통을 당하고 있단다. 다양한 동물들 중에서도 '우리는 동물을 어떻게 대해야 하는가'를 고민하면서 공장식 축산에서 사육되는 가축에 대해 좀 더 집중적으로 살펴보려고 해. 그것은 세계적 규모로 과도하게 이루어지는 공장식 축산이 건강한 가축까지도 죽이는 예방적 가축 살처분 정책뿐만 아니라 동물을 대하는 인간 중심적 시각을 집약적으로 표면화하고 있기 때문이야. 또 현재 심화되고 있는 기후 위기에도 큰 영향을 끼치고 있기 때문이지.

경기도 파주에는 80여 마리의 돼지를 유기 축산 방식으로 키우던 '이장집농장' 이 있었어. 그 농장에서는 다른 공장식 축산 농장과 달리 곡물 사료를 먹이지 않고 유기 농산물이나 농사에서 나오는 부산물로 돼지를 키웠어. 암퇘지는 강제로 인공 수정을 시키지 않고 자연스럽게 수퇘지와 짝짓기를 하도록 하였으며, 분만을 할 때에도 분만 촉진제를 사용하지 않고 자연 출산일에 새끼를 낳도록 하였지. 당연히 암퇘지를 쇠파이프로 만든 좁은 스톨에 가두는 일도 없었으며, 어미 돼지는 새끼 돼지에게 젖을 먹이며 정성껏 돌보았단다. 새끼돼지들도 꼬리를 잘리거나 이빨을 뽑히는 고통을 당하지 않았어. 돼지들은 넓지는 않았지만 운동장에서 뛰어놀고 진흙 목욕도 할 수 있는 환경에서 사육되었어. 보통 공장식 돼지 농장의 새끼돼지 폐사율이 20%에 가까운 데 반해 이장집농장의 돼지들은 스트레스를 받지 않는 환경이어서 그랬는지 폐사율이 제로에 가까웠어. 돼지들은 건강하고 또 행복하게 살고 있었단다. 그러나 그런 평화는 200m 떨어진 인근 농가에서 구제역이 발생하고 살처분의 광풍이 몰아치면서 한순간 무너져버렸어. 건강하게 살던 돼지들은 2011년 1월 13일 모두 땅속으로 생매장당하고 말았거든.

전북 익산에는 친환경으로 5,000수의 산란계를 키우는 '참사랑농장' 이라는 양계장이 있어. 군인이었던 농장주는 정년 퇴임을 하면서 친구의 도움을 받아 양계를 시작했지. 어린 시절부터 동물을 좋아했던 농장주는 닭들을 키우면서 노후를 보내는 것도 좋겠다는 생각이 들었대. 그래서 서울 생활을 정리하고 친환경으로 닭을 키우는 방법을 배우면서 양계업을 시작했지. 친환경 양계가 보급되지 않았던 시절이었기에 많은 어려움을 겪었다고 해. 그런 어려움 속에서도 닭들이 건강하고, 건강한 닭이 낳은 달걀을 생산해서 판매한다는 보람에 힘듦을 이겨낼 수 있었대. 참사랑농장에서는 닭들을 좁은 케이지가 아닌 평사에서 사육하였으며 모래 목욕도 할 수 있고 횃대에 올라가 쉴 수 있는 환경을 만들어주었어. 참사랑농장은 시간이 지나면서 차츰 자리를 잡아갔지. 그런 참사랑농장에 위기가 닥쳤어. 2017년 3월 2.4㎞ 떨어진 양계장에서 조류 인플루엔자가 발생하면서 살처분의 광풍이 불어닥친 거야. 익산시 방역 당국은 참사랑농장에 살처분을 명령했어. 하지만 농장주는 자식같이 애정을 쏟으며 키운 닭들을 살처분 할 수 없었다고 해. 친환경으로 건강하게 키웠기 때문에 조류 인플루엔자에 감염되지 않을 거라는 자신감도 있었고. 그래서 방역 당국의 살처분 명령을 거부했어. 몇 차례에 걸친 검사에서도 전염병에 걸리지 않았다는 음성 판정이 나왔지. 그렇기에 더더욱 자식새끼와도 같은 건강한 닭들을 살처분할 수 없었어. 그렇게 시간이 흘러 조류 인플루엔자 유행은 종식되었고 닭들은 건강하게 살아남았단다. 하지만 문제는 거기서 끝나지 않았어. 익산시 방역 당국은 조류 인플루엔자 사태가 종식된 후 참사랑농장이 행정 명령을 이행하지 않았다며 고발 조치를 한 거야. 또 여러 가지 지원을 차단했어. 참사랑농장의 고난이 시작된 거야.

이장집농장도 참사랑농장도 경제적인 이유로 가축을 사육하기는 하였지만 가축들이 생명으로서 존중받으며 스트레스를 덜 받고 건강하게 살 수 있도록 많은 신경을 썼어. 그래서 실제로 가축들의 폐사율도 다른 농장에 비해 훨씬 낮았으며 건강하게 살고 있었단다. 그럼에도 불구하고 인근 농장에 구제역과 조류 인플루엔자가 발생했다는 이유로 살처분 명령을 받았어.

우리가 가축을 이렇게 대해도 되는 걸까? 방역 당국은 가축 전염병이 발생했을 때 가축 전염병 확산 방지를 위해 바이러스의 전파 경로를 추적하며, 발생 농장 주변 500m에서 3㎞ 이내의 건강한 가축까지 모두 예방적 살처분을 해 왔어. 대부분의 사람들은 이러한 가축 살처분에 대해 가축 전염병이 위험한 질병이기 때문에 어쩔 수 없는 선택이라고 생각한단다. 살처분에 대한 문제 제기가 지속되면서 2021년 2월 예방적 살처분의 범위는 1㎞로 축소되어졌어.

2
예방적 살처분으로 드러난 문제점

아빠, 아무리 건강한 가축이라도 법에 의해서 어쩔 수 없이 살처분 될 수밖에 없다니 너무 안타까워요. 한두 마리도 아니고 이렇게 대량으로 살처분 하면 부작용도 많을 것 같아요.

2010년 구제역 사태가 발생했을 때 구제역 양성 판정 건수는 153건에 불과했지만, 총 347만 9,866두의 가축을 살처분했고, 2016~2017년 고병원성 조류 인플루엔자가 유행했을 때에는 378건의 양성 판정이 있었지만 총 3,718만 수의 가금류를 살처분했어. 예방적 살처분 규정에 따라 이렇게 많은 수의 가축을 살처분하다 보니 여러 가지 문제가 발생했지.

짧은 기간 동안 많은 가축을 살처분하다 보니 방역 당국은 일정에 쫓겨 살아 있는 가축을 생매장하기도 했어. 약물을 사용하여 살처분한다고 하더라도 미처 숨이 끊어지지 않은 상태에서 가축을 매장하는 사태도 빈번히 발생하였단다.

가축 살처분은 현장에 참가했던 인력의 심리적 외상도 동반했어. 농장주를 비롯하여 공무원, 수의사, 땅을 파고 매몰하는 노동자 등 많은 사람들이 살처분 현장을 목격했거든. 살아 있는 소를 거꾸로 매달아 많은 양의 피를 방혈시켜 죽이거나 산 채로 어미와 새끼를 땅 속에 파묻는 모습을 봐야 했고, 그 과정에서 가축들이 지르는 비명 소리를 들어야 했지. 그러한 순간들이 장기간에 걸쳐 이루어지면서 그런 과정을 접해 본 경험이 전혀 없는 노동자들은 말할 것도 없고 일상적으로 가축의 죽음을 접하는 수의사들이나 농장주까지도 심각한 심리적 충격을 받았어. 그로 인해 작업에 참여한 노동자들이나 농장주가 스스로 목숨을 끊는 일들이 발생하기도 했지. 2010년 구제역 사태 당시 237명의 사상자가 발생했는데, 그중 사망자는 11명이었어. 한 연구에 의하면 작업자 중 약 20%가 외상후 스트레스 장애(post-traumatic stress disorder, PTSD) 위험군으로 분류될 수 있으며, 이들은 다양한 심리적 문제를 함께 겪고 있다고 밝혀졌어.[16]

사체의 대량 매몰로 인한 또 다른 문제로 환경 오염이 있어. 가축을 살처분한 후에는 사체로부터 바이러스가 퍼져 나가지 않도록 사체를 안전한 방법으로 처리해야 해. 대표적인 사체 처리 방법으로는 땅에 구덩이를 깊게 파고 묻는 매몰법, 불에 태우는 소각법, 그리고 사체에 고열을 가해 지방은 녹여서 뽑아내고 나머지 체조직은 골분과 육분으로 만드는 랜더링법 등이 있어. 이 중 매몰법은 다량의 사체를 단시간 내에 쉽게 처리할 수 있는 장점이 있어 대규모 가축 전염병 발생 시 세계 각국에서 많이 사용되고 있는 사체 처리법이야.

2010년 대규모로 실시된 예방적 가축 살처분은 많은 문제를 야기했다.

하지만 이런 매몰법은 주변의 토양, 지하수, 하천, 호수 등 주변 환경을 심각하게 오염시킬 가능성이 높아. 농림축산식품부의 구제역 행동기본지침(SOP)은 구덩이 파기, 매몰지 바닥 및 측면 비닐 설치, 매몰지 내부 침출수 저류조 및 유공관 설치를 비롯하여 사체의 매몰 방법을 규정하고 있어. 하지만 비닐을 깐 후 살아 있는 가축을 구덩이에 몰아넣었기 때문에 가축들이 발버둥치면서 비닐이 파손되는 일이 비일비재하게 일어났지. 이렇게 파손된 구멍을 통해 많은 침출수 유출이 염려되는 상황에서 실제로 가축을 살처분하고 매립 후에 인근 토지로 침출수가 누출되는 사고가 여러 곳에서 발생하여 주민들의 문제 제기가 있었어. 2010~2011년 당시 전국 매몰 지역의 침출수 양은 6,093만ℓ로 추정되었어.[17] 2010년 구제역 사태 당시 사체를 처리할 다른 방법이 마련되지 않은 상태에서 급하게 살처분을 진행하였기 때문에 침출수에 대한 우려에도 불구하고 대부분의 가축 사체를 매몰법으로 처리하였단다.

그리고 무엇보다도 대량 살처분 방식으로 가축을 다루는 것이 바람직한 방식인가에 대한 생명윤리적 문제가 제기되었어. 동물을 인간의 목적을 위해 이용할 수 있다는 시각에서부터 동물에게도 권리가 있기 때문에 동물을 이용해서는 안 된다는 시각까지 다양한 시각들이 있어. 그런 다양한 시각들 중에서 많은 사람들이 대체로 받아들이는 기준은 인간의 생존이나 특정 목적을 위하여 동물을 먹거나 이용하는 행위는 대체로 용인하더라도 고통은 최소화해야 하며 학대해서는 안 된다는 것이야. 비록 가축을 이용하기 위하여 사육하더라도 죽이는 과정에서 고통을 줄여야 하며 그 목적은 명확해야 한다는 거지. 그런데 가축 전염병이 발생하면 건강한 많은 가축들까지 함께 살처분하고 있는 것이 우리의 현실이야.

3
구제역 가축에 대한 살처분은 어떻게 당연시되었나

아빠, 옛날에는 구제역에 걸린 가축의 고기를 먹었을 정도로 구제역을 그다지 심각하게 생각하지 않았던 것 같은데, 왜 지금은 구제역에 걸리면 살처분하나요?

구제역(口蹄疫, Foot and Mouth Disease, FMD)은 질병명에서 알 수 있듯이 소와 돼지, 염소와 같이 발굽이 둘로 갈라진 동물(이들 동물을 우제류라고 한단다)이 바이러스에 감염되어 입과 발굽 부위에 물집이 생기는 급성 바이러스성 전염병이야.

구제역과 조류 인플루엔자는 모두 급성 바이러스성 전염병이라는 공통점이 있지만, 조류 인플루엔자는 가축의 목숨에 심각한 영향을 끼치는 반면, 구제역은 심각한 영향을 미치지 않는다는 차이점이 있지.

수십억 명의 사람들이 저마다 외양이나 성격이 다르듯이 같은 종류의 바이러스라고 하더라도 다양한 특성을 갖고 있어. 바이러스는 너무나 작아 일반 현미경으로는 볼 수 없어. 평균적으로 세균의 1/100 크기지만 최근에는 세균 크기의 바이러스도 발견되었어. 바이러스의 특징은 독립된 상태로 있을 때에는 무생물처럼 아무것도 하지 않고 가만히 있다가 세포에 침입한 후 세포의 시스템을 이용하여 자기의 유전자를 복제해. 남의 공장에 들어가서 자기 공장인 양 자기 물건을 만드는 거야. 바이러스는 껍데기 안에 유전자를 가지고 있는데 유전자의 형태에 따라 DNA 바이러스와 RNA 바이러스로 구분해.

RNA 바이러스에 속하는 구제역 바이러스는 A, O, C, Asia1, SAT1, SAT2, SAT3형의 7가지 혈청형으로 분류하고, 이것은 다시 80여 가지 아형(subtype)으로 나뉘어져. 그중 전 세계적으로는 O형이 가장 흔하게 나타나고, 우리나라를 비롯하여 아시아에서는 A, O, Asia1형이 주로 발생한단다.

구제역 바이러스에 감염되었을 때 임상 증상은 원인 바이러스의 항원형, 감염량, 숙주 동물의 면역력 등 다양한 요소에 의해서 달라지는데, 바이러스에 감염된 소의 경우를 보면 처음에는 고열이 있고, 식욕 부진, 침울 등의 증상을 보이고 우유 생산량이 50% 가량 감소되기도 해.

큰 소들의 경우 구제역에 쉽게 감염되어도 면역력이 건강하다면 대부분 자연 회복되고 5% 미만의 소만 죽음을 맞아. 임신우는 유산이 되기도 하지만 예방 접종을 한 경우 유산율을 낮출 수 있어. 초유를 통하여 항체가 새끼에게 전달되면 새끼들의 폐사율은 현격히 저하돼. 면역력이 약한 새끼돼지의 폐사율은 40~100%에 이르지만,[18] 다 큰 돼지의 폐사율은 1% 이하에 불과하고 대부분 회복된단다. 이 폐사율이 높다고 생각할지 모르지만 공장식 양돈장의 경우 환경이 열악하여 일상적으로 20% 가량의 돼지들이 폐사되고 있어. 그에 비하면 1%는 문제라고도 할 수 없는 수준이지. 과거 우리나라 시골에서는 가축에게 아구창병(구제역)이 돌았다고 하면 오랜만에 고기 잔치를 벌일 수 있다고 사람들이 생각했으니 먹어도 사람에게 끼치는 영향이 없었다는 얘기야.

이처럼 구제역은 치명적이거나 회복이 어려운 전염병이 아님에도 불구하고, 당시 우리나라의 조치는 구제역이 발생하면 인근 3㎞ 이내의 가축에 대하여 예방적 살처분을 실시했단다. 문제는 이렇게 예방 조치를 함에도 불구하고 구제역은 재발하고 있다는 점이야. 이런 결과는 구제역 방역 조치가 적절하지 못했기 때문이지.

구제역 바이러스는 크게 3가지 경로를 통하여 전파된단다. 첫 번째는 감염 동물의 수포액이나 침, 유즙, 정액, 호흡한 공기 및 분변 등에 직접 접촉되어 전파가 이루어져. 두 번째는 감염 지역을 오가는 노동자들이나 수의사, 인공수정사와 같은 사람들, 또는 사료차, 우유 출하차와 같은 차량에 의해 간접 전파돼. 마지막으로 세 번째는 공기를 통한 전파인데 육지에서는 60㎞, 바다를 통해서는 250㎞ 이상 떨어진 곳까지 전파가 가능하지. 구제역이 발생한 지역에서는 주로 직접 접촉에 의해서 전파되고 그 이외의 지역으로는 구제역 바이러스에 오염된 축산물이나 야생동물의 왕래에 의해서도 전파돼. 바이러스성 전염병의 전파 경로를 이해하는 것이 중요한 이유는 그에 따라 어떤 방식으로 방역 조치를 취해야 하는지 결정할 수 있기 때문이야.

만약 구제역 발생 초기라면 살처분을 통해 타 지역으로의 전염을 차단하는 효과를 볼 수 있겠지만, 현재 우리나라의 경우처럼 2010년 이후 지속적으로 반복되는 상황에서는 이미 토착화된 상황이므로 살처분 방식으로 완전히 제거하는 것이 불가능해. 수의 면역학 전공인 우희종 교수는 "현재 국내에서 실시하고 있는 일정 거리 내의 살처분 조치는 초기 발생 상황에서는 유효할지 몰라도 이미 국내 도처로 확산된 상황에서는 별로 유효한 방법은 되지 못한다" 고 비판했어.[19] 이미 수차례에 걸쳐서 구제역이 발생한 우리나라의 경우 지금과 같이 농장 동물을 살처분하는 정책으로는 구제역을 근절시키기에는 한계를 가질 수밖에 없다는 거야.

그럼에도 불구하고 왜 우리는 예방적 살처분을 당연시해 왔을까. 이렇게 된 데에는 국제적인 틀 속에 구제역을 살처분해야 하는 질병으로 규정한 영향이 크단다.

구제역이 처음 발병한 곳은 16세기 세계 무역의 중심지였던 영국이었으며, 20세기 초까지만 해도 대부분의 농부들은 이 바이러스성 침입자를 대수롭지 않게 생각했어. 1839년 이즐링턴에서 발생한 구제역은 영국 전역으로 전파되었어. 당시 왕립수의과대학장인 찰스 시월(Charles Sewell)은 구제역은 매우 전염성이 높지만 감염된 가축은 빠르게 회복되고, 젖소는 산유량이 줄어들어 종종 30% 정도 가치가 떨어지기도 하지만 전체적인 가치 감소는 5%에 불과하다고 말했어. 농부들도 구제역에 대해 대체로 감기처럼 모든 소가 일생에 한 번은 앓고 지나가는 대수롭지 않은 병으로 생각했지. 그에 비해 부유한 농장주들은 다르게 생각했다고 해. 부농들은 고도로 육종된 값비싼 품종의 소들을 사육했거든. 이 소들은 유전적으로 단일하여 면역력이 약해 구제역에 감염되면 손실이 훨씬 컸어. 그리하여 부유한 농장주들은 1864년 국회에서 구제역을 가축 전염병으로 규정하는 예방법을 제정하라고 압력을 가했어. 하지만 일반 목장주들은 구제역을 심각한 가축 전염병으로 규정하는 경우 구제역에 걸린 소들의 이동과 판매가 금지되어 생업에 막대한 지장을 초래하게 되므로, 별 해가 없을 뿐만 아니라 이미 지역에 토착화되어 피할 수도 없는 병이라고 여기던 구제역을 예방법에 포함시키는 데 대하여 격분하며 항의하였고, 결국 법안은 철회되었어.

하지만 1865년에 발생한 우역(牛疫, rinderpest)과 1880년대 초반 미국의 대평원을 가로지르는 철도의 건설로 구제역에 대한 일반 농부들의 생각도 변화하게 돼. 우역은 전파력뿐만 아니라 폐사율도 높은 가축 전염병으로 감염되면 대부분의 소가 죽는 병이야. 동시에 다른 소에게 전파시키지. 우역은 구제역과 달리 병에 걸린 소를 치료하겠다고 돌보는 것은 더 큰 손해를 불러일으키는 거야. 1865년 영국의 전체 사육 두수의 7%에 해당하는 42만 마리의 소가 우역에 걸려 죽자 농부들은 가축 전염병의 확산을 막기 위해 가축의 이동을 제한하고 감염에 노출된 소를 도살하는 방역 정책을 받아들이게 되었어. 또 미국을 동서로 가로지르는 철도의 건설로 값싼 축산물이 수입되기 시작하자 그 동안 대수롭지 않게 여기던 구제역으로 인한 식육과 우유 생산 감소의 경제적 가치를 인식하게 되었지. 이전에는 구제역에 걸려서 우유가 적게 생산되거나 살찌는 속도가 늦어져 5% 정도의 손실이 생겨도 대수롭지 않게 생각했는데 미국에서 값싼 쇠고기가 수입되면서 그 손실도 크게 느끼게 된 거야. 이러한 분위기 속에서 구제역이 발생했을 때 이를 조기에 근절시킬 수 있는 방법으로 도살이 공감을 얻게 되었으며 1892년 구제역이 발병하자 감염을 근절하기 위한 조치로 도살이 단행되었어.

반면 영국과 달리 프랑스를 비롯한 대부분의 유럽 국가들은 구제역에 대한 대응에 큰 변화가 없었어. 감염된 소의 임상 증상이 그리 심하지 않았고 반복되는 잦은 감염으로 소들이 높은 수준의 면역을 갖추고 있었기 때문이야. 이들 나라에서는 이미 구제역이 토착화되어 증상이 심하지 않았을 뿐만 아니라 1960년대 초 퍼브라이트 연구소(Pirbright Laboratory)에서 햄스터의 신장 세포를 이용한 바이러스 배양 기술 개발로 백신 생산 비용을 절감하여 모든 가축에게 정기적으로 백신을 접종할 수 있게 되었거든. 그 결과 유럽의 구제역 발생 건수는 1960년의 22,500건에서 1968년에는 3,658건으로 대폭 감소하였으며, 1980년이 되자 유럽에서 토착성 구제역은 대부분 자취를 감추게 되었어.[20] 당시 유럽은 감염된 가축은 물론 야생동물들이 자유롭게 국경을 넘어 이동하던 상태였기 때문에 유럽의 농민들은 질병의 유입을 통제하기 위한 영국의 살처분 정책을 이해하지 못했어. 그에 비해 영국은 섬나라로서 가축의 이동을 통제하는 것이 훨씬 손쉬운 일이었지. 유럽 대부분의 농부들은 구제역으로 인한 손실이 그리 크지 않았기 때문에 구제역을 차단하겠다며 살처분을 실시하는 경우 그 과정에서 소요되는 비용이 질병 자체보다 더 큰 경제적 손실을 일으킨다고 생각했단다. 구제역이 토착화되어 있는 대부분의 유럽 국가에서 도살은 정책적 대안이 될 수 없었거든. 비용이 많이 들 뿐만 아니라 도살에 대한 거부감이 큰 데다 무엇보다 인접국으로부터 구제역이 재유입되지 않는다는 보장이 없었기 때문이야. 그들은 영국의 도살 정책을 질병 통제 방법으로서뿐만 아니라 백신 접종을 하고 있는 유럽 대륙에 대한 영국의 우월성을 과시하려는 것이라고 생각했어.

영국과 유럽의 구제역에 대한 통제 정책이 다른 상황에서 유럽은 단일 시장인 유럽연합(European Union, EU)의 출범을 앞두고 서로 상충하는 구제역 통제 정책을 통일할 필요성이 대두되었어. 1989년 유럽 경제공동체는 예방 접종과 살처분 정책에 대한 비용 편익 분석을 실시했단다. 이 분석은 두 가지 정책을 실시하는 경우 10년 동안 발생할 수 있는 구제역 발생 건수를 예측했지. 그 결과 살처분 정책을 실시하는 경우 10년 동안 최소 13건에서 최대 1,963건이 발생하는 것에 비해 백신 접종 정책을 실시할 경우에는 최소 20건에서 최대 3,020건 사이의 구제역이 발생할 것으로 예측되었어.[21] 또 일상적으로 모든 가축에게 예방접종을 하는 비용보다 구제역이 발생했을 때 해당 가축만 도살하는 것이 비용이 적게 든다는 결론이 나왔어. 이에 따라 모든 EU 회원국이 구제역 백신 접종을 중단하고 도살 정책을 채택하고, 백신을 접종한 가축의 수입을 금지하기로 결정했어.

하지만 이러한 비용 편익 분석에는 대규모 밀집 사육과 같은 축산 방식의 변화와 같은 요소들이 배제되어 있었어. 사육 규모가 크지 않은 상태에서는 구제역이 발생했을 때 살처분을 하는 것이 평상시 모든 가축에게 예방접종을 하는 것보다 비용이 적게 들어갈 수 있어. 하지만 사육 규모가 커진 상태에서는 살처분을 하는 비용이 훨씬 더 많이 들어가거든. 1923~1924년과 1967~1968년에는 각각 2,691건과 2,228건의 구제역이 발생 하여 각각 30만 마리와 44만 마리의 가축을 살처분 했어. 그에 비해 2001년도에 유럽에서 발생한 구제역 유행 건수는 2,026건으로 과거에 못 미치는 숫자였지만 사육 규모가 커짐으로 인해 1,000만 마리가 넘는 가축이 도살되었어. 이러한 비용 편익 분석의 가장 큰 문제는 정책의 선택에서 비용만을 생각했을 뿐 가축의 생명에 대한 고려가 배제되었다는 점이야. 수의역사학 전문가인 우즈(Woods Abigail)는 영국의 방역 당국이 이러한 도살 정책을 고집하는 것은 국가적 자존심이라는 요소가 작용했기 때문이라고 말했어.[22]

4
철새는 조류 인플루엔자의 진짜 범인인가

아빠, 구제역만큼이나 익숙한 가축 전염병으로 조류 인플루엔자도 뉴스에서 많이 봤어요. 매번 철새 때문이라고 하던데, 철새를 못 오게 할 수도 없잖아요.

조류 인플루엔자(Avian Influenza)는 인플루엔자 바이러스가 닭, 칠면조, 오리와 같은 가금류에 감염되어 발생하는 조류의 급성 전염병이야. 조류 인플루엔자 역시 구제역 바이러스처럼 여러 혈청형이 있는데 A, B, C형과 토고토바이러스(Thogotovirus), 이사바이러스(Isarvirus)로 분류돼. A형은 조류와 인간을 포함한 포유류에 감염되고, B형은 인간에게만 감염되며, C형은 돼지와 인간에게 감염될 수 있어. 바이러스에 감염된 후에 얼마나 심각한 증상을 일으키는지 병원성 정도에 따라서 고병원성 조류 인플루엔자(Highly Pathogenic Avian Influenza, HPAI)와 저병원성 조류 인플루엔자(Low Pathogenic Avian Influenza, LPAI)로 구분해.

조류 인플루엔자 바이러스는 주로 직접 접촉에 의해서 전파되며, 감염된 닭의 분변에 오염된 차량이나 사람, 사료, 기구 등을 통해 전파될 수 있어. 가까운 거리는 농장 주변의 쥐, 새 등 야생 동물이나 오염된 물, 바람에 의해 전파될 가능성도 있지. 먼 거리 전파의 요인으로는 주로 철새 등의 야생 조류의 이동, 오염된 닭고기 등의 양계 산물, 방문객 등을 들 수 있단다.

조류 인플루엔자 얘기가 나올 때마다 항상 언급되는 철새들은 대부분 저병원성 조류 인플루엔자에 감염되어 있지만 특별한 증상을 보이지 않아. 하지만 이러한 저병원성 조류 인플루엔자가 공장식 축산에 사육되는 가금류에게 전파되는 경우 전파 과정에서 고병원성 조류 인플루엔자로 변이되어 심각한 증상을 야기하게 돼. 고병원성 조류 인플루엔자에 감염된 닭이나 칠면조는 급성 호흡기 증상을 보이면서 100%에 가까운 폐사율을 나타내게 돼. 그에 반해 오리는 고병원성 조류 인플루엔자에 감염되어도 임상 증상이 나타나지 않을 수 있단다.[23] 같은 바이러스라고 하더라도 어느 종에 감염되느냐에 따라서 임상 증상이 다르게 나타나는 거지.

닭, 메추리 등의 조류가 조류 인플루엔자에 감염되면 잘 먹지 않고 활력이 저하되며, 설사 또는 얼굴이 붓거나 재채기 등의 호흡기 증상을 보이고, 산란율이 급격히 감소하기도 해. 닭은 바이러스의 병원성에 따라 폐사율이 0~100%까지 다양해. 고병원성 조류 인플루엔자의 경우 처음에는 감염이 시작되는 양계장 입구부터 시작하여 사료 섭취량이 줄면서 닭이 침울하게 졸다가 급격히 폐사 수가 증가하는데, 보통 약 4~5일 만에 50% 정도 죽음을 맞이해.[24]

닭들의 이런 높은 폐사율과 그 원인 바이러스가 철새에게서 전파된다고 간주하기 때문에 방역 당국은 감염된 양계장뿐만 아니라 주변 양계장 또한 예방적 살처분을 하고 있고, 철새로부터 고병원성 조류 인플루엔자가 전파되지 않도록 철새 도래지를 없애거나 사람들이 철새에게 먹이를 주는 행위를 금지시키고 있어. 또 철새가 철마다 찾아오는 것을 막을 수 없기 때문에 고병원성 조류 인플루엔자가 해마다 반복되는 것을 근절시킬 수 없다고 이야기해. 하지만 조류 인플루엔자의 근본적인 원인에 대한 다른 주장도 있어.

'조류 인플루엔자 및 야생 조류 학술 대책 위원회'는 방역 당국의 야생 조류에 대한 이러한 정책에 대하여 고병원성 조류 인플루엔자는 가금류 생산 시스템의 문제이지 야생 조류가 원인이 아니라고 주장해. 만약 야생 조류가 문제였다면 가창오리는 수만 수에서 수십만 수가 함께 모여 휴식을 취하므로 더 높은 사망률을 보일 텐데 그렇지 않기 때문이지. 위원회는 야생 조류가 이 바이러스의 근원지라는 증거는 현재까지 없으며 오히려 그들을 매개체가 아닌 피해자로 간주해야 한다고 말해. 더 나아가 야생 조류를 바이러스의 근원지이자 확산의 원인이라고 비난하는 것은 효율적인 질병 통제 활동을 저해하고, 그로 인해 바이러스의 확산으로 이어질 수 있기 때문에 동물 보건 당국은 책임감 있게 행동해야 하며 충분한 증거가 없는 경우에는 바이러스의 근원지로 야생 조류를 지목하는 것은 피해야 한다는 성명문을 발표하였어.[25] 철새가 근원적인 문제가 아니라 공장식 축산 양계장이 철새 도래지 인근에 들어서고 그로 인해 철새가 양계장에 접근하게 되면서 고병원성 조류 인플루엔자가 발생하게 되었다는 거야. 따라서 야생 조류는 원인이 아니라 피해자라는 거지. 많은 연구자들 또한 고병원성 조류 독감 발생률의 급격한 증가는 공장식 축산 때문이라고 했어.

5
청정국 지위로 우리가 얻는 것은 무엇인가

아빠, 가축을 살처분 하는 이유 중에 청정국 지위 회복도 있던대요. 청정국 지위를 잃어 수출을 못하게 되면 엄청난 손해를 보기 때문인가요?

구제역과 조류 인플루엔자 발병 시 예방적 차원에서 살처분을 행하는 또 하나의 명분은 축산물 수출이 가능한 청정국 지위를 빨리 회복할 수 있다는 데에 있어. OIE(세계동물보건기구)는 구제역의 확산과 전파를 막기 위해 육상동물위생규약(Terrestrial Animal Health Code)을 제정하여 '구제역 청정국', '백신에 의한 구제역 청정국', '백신을 사용하지 않는 구제역 청정국' 으로 구분하고 있는데, 살처분을 하는 경우 마지막 구제역 발생 후 3개월만 지나면 청정국 지위를 획득할 수 있단다. 그에 비해 백신 접종을 하는 경우 백신 접종을 한 동물을 모두 살처분 했을 때 3개월 후에 '백신 미사용 청정국' 지위를, 그리고 백신 접종을 한 동물을 살처분 하지 않는 경우에는 6개월 후에나 '백신 사용 청정국' 지위를 획득할 수 있단다.[26] 백신 접종을 하는 경우보다 살처분을 할 때 청정국 지위를 더 빨리 획득할 수 있게 되는 거지. 그렇다면 상식적으로 생각해 볼 때 청정국 지위를 유지하기 위해서 살처분을 한다는 것은 축산물 수출을 위해 불가피한 선택이라고 예상을 할 수 있어. 하지만 이러한 청정국 지위는 축산물을 많이 수출하는 나라에나 도움이 되는 지위야. 2010년 구제역 사태 당시 우리나라는 축산물 수출 이익이 20억 원밖에 되지 않았어.[27] 그에 비해 대규모 살처분을 실시하는 데 소요된 비용은 매몰 보상금 1조 8,240억 원을 포함하여 총 2조 8,225억 원이었단다. 산업 연관 분석 결과에 의하면, 구제역 사태로 인해 생산 유발 감소액은 4조 93억 원, 부가가치 감소액은 9,550억 원으로 추정되었어.[28] 낙농, 한육우, 양돈 산업의 생산액 감소가 국민 경제 전반에 미친 파급 효과지. 결과적으로 청정국 지위를 유지함으로써 얻을 수 있었던 이익에 비해 엄청나게 큰 국가적 손실을 본 거지. 2017년 우리나라 축산물 수출량은 쇠고기 342t과 돼지고기 1,459t이야. 그에 비해 축산물 수입량은 쇠고기 34만t, 돼지고기 36만t이었어. 이렇게 수출량보다 수입량이 많은 나라에서 가축을 대량 살처분 하면서까지 청정국 지위를 빨리 획득할 필요가 있는지 생각해 볼 일이야.

사람들은 가축 전염병이 발생했을 때 가축 전염병이 위험한 전염병이기 때문에 살처분하는 것이라고 생각하지만, 구제역과 같은 경우에는 다 자란 건강한 소나 돼지의 경우 폐사율이 5% 미만에 불과한 전염병이야. 이것은 평상시 공장식 축산의 열악한 환경에서 가축이 폐사되는 비율보다 훨씬 낮은 폐사율이지. 문제는 가축이 전염병에 걸리면 회복되는 동안 체중이 증가되지 않고 그것이 손실이 되는 거야. 오늘날 공장식 축산은 구조적으로 생산비 중 사료비를 포함한 고정 비용이 많아 이윤을 남기기 어려운 구조야. 이런 상태에서 이윤을 남기려다 보니 규모는 더욱 커지고 밀집 사육을 하게 되었지. 시설 투자에 많은 비용이 투자된 양계장을 비롯한 대규모 공장식 축산 시설은 시간이 바로 비용이거든. 병아리가 조류 인플루엔자에 감염되는 경우 열악한 환경에서 면역력이 저하된 병아리들이 회복될 것이라는 전망은 희박해. 경영적 측면에서 보다 중요한 것은 전염병에 감염되어 회전율이 저하되면 그 자체로 대규모 양계장은 막대한 경제적 손실을 입게 되지. 여기에서 손실을 가장 최소화시킬 수 있는 방법은 닭들이 병을 이겨내기를 기다리는 것보다 국가로부터 보조금을 받고 최대한 빨리 양계장을 초기화시켜 다시 시작하는 거란다. 가축 전염병 발생 시 가축을 대량 살처분 하는 이유는 여기에 있어.

구제역이나 조류 인플루엔자가 발생하는 경우 방역 당국은 바이러스의 전파를 차단하려고 예방적 살처분을 하고 있어. 하지만 이러한 살처분 정책은 근본적인 원인을 잘못 설정함으로 인하여 해법을 찾지 못하고 거의 매년 가축 전염병이 재발하고 있는 실정이야. 방역 당국은 철새가 인플루엔자 바이러스를 퍼뜨리는 주원인이라고 하지만, 야생 조류는 다양한 조류 인플루엔자 바이러스에 감염되어 있어도 건강하게 살아가거든. 문제가 되는 것은 야생 조류에게는 큰 문제를 야기하지 않던 조류 인플루엔자 바이러스가 공장식 양계장에 전파되면서야. 그럼에도 불구하고 공장식 축산의 문제를 고민하기보다는 가축 전염병을 바이러스의 문제로 생각하는 것은 현대 의학의 환원주의적 질병관의 영향 때문이지. 좀 어렵지? 이 부분은 다음 장에서 자세히 설명해줄게.

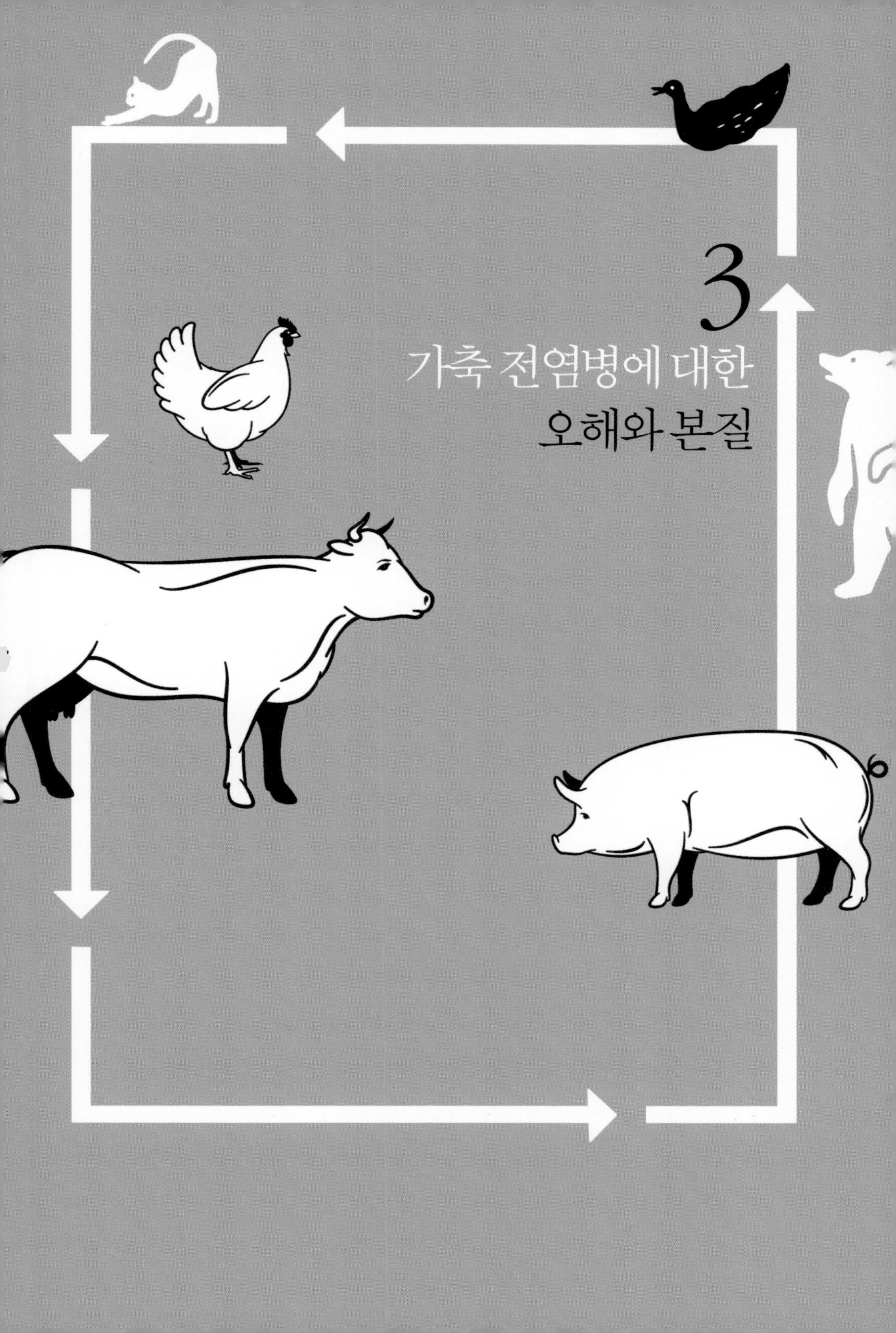

3
가축 전염병에 대한 오해와 본질

1
경쟁하는 질병관

아빠, 가축 살처분이 아무리 잔인해 보여도 지금 우리 사회에서는 이것이 가장 합당한 대처로 받아들여지는 것 같아요. 가축 전염병이 발생할 때마다 언론에서 살처분이 언급되어도 대부분의 사람들은 당연하게 생각하니까요.

가축 전염병이 발생하면 방역 당국은 원인 바이러스를 추적하기 위한 역학 조사에 많은 에너지를 쏟아부어. 그리고 가축 전염병의 원인인 바이러스가 어떤 경로를 통하여 유입되었는지 발표하지. 2010년 구제역 사태가 발생했을 때 베트남을 다녀온 안동의 농장주에 의해 구제역이 전파되었다고 발표한 것이 대표적인 사례야. 구제역이 발생했을 때 그 원인 바이러스를 추적하듯이 조류 인플루엔자가 발생할 때에도 외부로부터 바이러스가 유입된 경로를 추적한단다. 방역 당국은 조류 인플루엔자의 대표적인 유입 경로를 철새라고 추정해.

이와 같이 가축 전염병이 발생할 때마다 방역 당국이 전염병의 원인을 바이러스로 지목하고 그 바이러스가 어떤 경로를 통해서 전파되었는지 역학 조사에 매진하며 바이러스가 확산되는 것을 막기 위해 감염된 가축은 말할 것도 없고 감염되지 않은 가축까지 더 나아가 야생 동물까지 죽이는 것은 모두 전염병을 원인 바이러스의 문제로, 다시 말해 전염병을 바이러스로 환원하기 때문에 발생하는 문제란다. 이러한 일련의 과정이 과학적이고 의학적인 것 같아 보이지만 이것은 전적으로 현대 서양 의학의 환원주의적 질병관을 반영한 행위야.

질병을 어떻게 이해할 것인지에 대한 논쟁은 의학의 역사를 통해 끊임없이 이어져왔어. 질병을 바라보는 첫 번째 개념은 '시스템 의학적 질병관' 이라 불리는데, 질병의 근원을 병든 사람의 내부와 외부의 시스템 불균형에서 찾아. 이 이론은 히포크라테스 학파에 의해 주창되었단다. 두 번째 개념은 '생의학적 질병관' 이라 불리며, 질병을 어떤 실체를 가진 것으로 정의한단다. 이러한 실체는 외부에서 침입하여 몸의 어떤 부분에 국소적으로 존재해.[29] 시스템 의학적 질병관은 내부와 외부의 다차원적 시스템들의 균형과 조화가 깨졌을 때 질병이 발생한다는 시각이며, 생의학적 질병관은 세균과 같은 외부 요인이 인체에 침입해 특정 장기의 기능 혹은 구조를 비정상적으로 변화시켜서 질병을 일으킨다는 시각이야.[30] 이 두 개념은 의학 사상을 번갈아가며 지배해왔어.

근대 이전의 사람들은 내부와 외부의 불균형에서 질병의 근원을 찾았고, 그 불균형을 해소하려는 측면에서 질병에 접근했어. 하지만 근대에 들어서 하나의 질병에는 하나의 원인이 있으며, 세균이나 바이러스와 같이 어떤 원인이 신체에 감염되어 기능의 변화를 일으키기 때문에 질병이 생긴다는 시각이 주류가 되었단다.

이러한 시각을 확고히 하는 데 큰 기여를 한 사람은 루이 파스퇴르(Louis Pasteur)와 로베르트 코흐(Robert Koch)야. 1880년대 초에 파스퇴르와 코흐는 특정 세균이 특정 질환을 일으킨다는 사실을 증명했어. 이렇게 특정 세균이 특정 질환을 일으킨다는 주장이 세균 병원설이야. 파스퇴르의 세균 발견과 현미경의 발달로 19세기 말과 20세기 초에 걸쳐 세균학은 눈부신 발전을 이루었어. 이를 통해 생의학적 질병관은 감염병이나 전염병을 이해하는 가장 완벽한 모델이 되었으며, 질병은 미생물의 전파를 막는 것만으로 예방될 수 있다는 믿음이 확산되었지. 또 해부학을 통해서 인체 구조를 관찰하고 더 나아가 현미경을 통해 인체를 구성하고 있는 세포를 관찰하는 등 신체를 객관적이고 실증적으로 들여다보기 시작하면서 의학은 과학으로서 자리를 잡게 되었어. 이러한 과정을 거쳐 생의학적 질병관은 의학의 중심 이론으로 자리를 잡았으며 질병에 대한 과거의 모든 생각과 이론들은 비과학적인 것으로 규정되었단다.

2
환원주의

'과학적', '의학적'이라는 말들은 왠지 완벽해 보이는데, 아빠 말씀을 듣다 보니 왠지 뭔가 놓치고 있는 것 같다는 생각이 들어요.

생의학적 질병관의 특징은 질병을 어떤 요소로 환원시키는 환원주의라고 말할 수 있어. 개별 미생물이 질병과 관계가 있는 것은 사실이지만, 질병을 특정한 한 가지 원인 때문이라고 단정하기에는 한계가 있어. 감염병에 있어서는 저항하는 환자의 면역력 약화가 더 중요한 요소이기 때문이지.[31]

가령 결핵을 살펴보면, 결핵은 문명 초기부터 시작해 산업혁명 이전까지 지속적으로 발생해왔지만 빠르게 전파되는 전염병이 아니기 때문에 대규모로 발생한 적이 없었어. 하지만 산업혁명으로 산업화와 도시화가 진행되면서 위생 환경은 나빠지고 거주 조건, 노동 조건 등이 열악한 상태가 되자 결핵은 급격히 확산되기 시작했단다. 특히 19세기에서 20세기 초까지는 도시 하층민을 중심으로 맹위를 떨쳤는데, 19세기 초 영국에서는 결핵으로 인한 사망이 전체 사망의 25%에 이를 정도였어. 산업혁명으로 도시 하층민의 생활 수준과 도시 위생 조건이 악화되면서 전염병이 확산될 수 있는 최적의 조건이 조성된 셈이었고, 이는 결핵과 콜레라가 본격적으로 역사의 무대에 등장하게 된 배경이 되었단다.[32] 미국의 경우도 1900년에는 결핵으로 인한 사망률이 10만 명당 194명에 달하였어. 그러나 정작 결핵 치료제인 스트렙토마이신이 사용되기 시작한 1944년에는 사망률이 이미 10만 명당 46명 이하로 줄어든 상태였어. 결핵 사망률이 줄어든 주된 이유는 무엇보다도 식생활과 주거 등 생활 환경의 개선과 충분한 영양 공급으로 면역력이 향상되었고 결핵균이 서식할 수 있는 조건이 줄어들었기 때문이야.[33] 결핵균이 질병의 중요 원인인 점은 맞지만 그것이 질병을 유발하고 확산시키는 유일한 요인은 아니며 사회적, 경제적 요소의 역동적 상호 작용도 중요한 요소인 거지.

서양의 임상 의학은 19세기 중반 이후 독일을 중심으로 발전한 세포 병리학과 세균학을 기반으로 임상 의학과 기초 의학이 결합된 생의학적 모형을 완성했어. 이후로 질병은 세균과 같은 외부의 요인이 인체에 침입함으로써 특정 장기의 조직 세포가 비정상적으로 변해 발생한다는 질병 발생론, 즉 원인과 결과가 1대 1로 연결되는 병인론이 더욱 견고해졌으며 오늘날까지도 이러한 병인론은 현대 의학의 중심적인 패러다임으로 뿌리 깊이 자리 잡게 되었지.

현대 의학의 환원주의는 세균이나 바이러스, 그리고 호르몬과 같이 질병의 원인을 찾아내어 효과적으로 제거하는 방법을 개발함으로써 현대 의학의 눈부신 발전을 가져왔어. 하지만 어떤 문제를 하나의 요소로 환원함으로써 여러 가지 것을 복합적으로 고려해야 할 문제를 지나치게 단순화시킨 한계가 있단다.

3
자연 숙주

같은 바이러스에 노출되어도 다양한 요소로 인하여 다르게 반응할 수 있다는 말씀이군요. 아무리 그래도 세균이나 바이러스라는 존재는 유해한 것 아닌가요?

그래, 유기체가 미생물에 감염되었다고 해서 반드시 질병이 발생하는 것은 아니야. 우리는 세균에 대한 재인식이 필요하다고 생각해. 흔히 '세균은 나쁜 것' 이라는 인식에 익숙하지만 세균은 지구 생명 진화의 토대였으며 지금도 모든 유기체의 내부와 외부에서 공생 관계를 맺고 있어. 숙주에 자리 잡은 세균은 소화 흡수, 위장관 발달, 면역계 발달, 감염 예방, 위장관 혈관 형성, 수분 흡수 등 숙주에 유익한 영향을 끼친단다. 세균에 감염된 동물에 비해 오히려 세균에 감염되지 않은 동물은 생리적 활성이 떨어져. 무균 상태의 설치류는 정상 설치류보다 33%의 물을 더 마셔야 하고 30%의 영양분이 더 필요해.[34]

수만마리의 철새들은 오랜 동안 바이러스가 있는 환경에서 적응하며 진화하였기 때문에 건강하게 살아간다.

환경의학을 개척한 뒤보(Rene Dubos)는 숙주와 기생 생물에게 충분한 시간이 주어지면 그 어떤 숙주와 기생 생물 사이에서도 궁극적으로 평화로운 공존 상태가 확립되기 시작한다고 했어.[35] 유기체들은 제각각 오랜 세월에 걸쳐 고유의 정상 세균총을 형성해왔으며, 그 세균들과 유기체가 '동적 평형' 을 이루어 건강한 상태를 유지한단다. 그리고 때로 동적 평형이 깨졌을 때 세균으로 인한 질병이 나타나. 이를 '기회 감염(Opportunistic infection)' 이라 한단다. 기회 감염이란 보통 때에는 세균이 병원체로서 작용하지 않으나 특수한 환경이 되면 과다하게 증식되어 감염증으로 나타나는 것을 말해. 즉 세균이 있다고 감염증이 생기는 것이 아니라 동적 평형 상태가 붕괴하면서 증상이 나타나는 거지. 세균이나 바이러스 자체가 원인이 아니라 숙주와 기생체의 관계가 문제의 핵심인 셈이야.

야생 조류와 조류 인플루엔자 바이러스의 관계를 살펴보면 조류 인플루엔자 바이러스는 특별한 존재가 아니라 세계 곳곳의 호수, 강, 연못 어느 곳에나 존재해. 야생 오리나 철새들은 그 물에서 헤엄을 치고 물고기를 잡아먹어. 그러는 사이에 인플루엔자 바이러스는 야생 오리에 감염돼. 그리고 체내에서 복제된 후에 다시 배설물을 통하여 호수로 배설되지. 그러면 그 물에서 헤엄을 치고 물고기를 잡아먹는 다른 철새에게 감염이 돼. 그리고 그 철새는 다른 호수로 날아가서 배설물을 통해 바이러스를 퍼뜨린단다. 이런 과정이 지난 수만 년에 걸쳐서 이루어져왔어. 그 결과 거의 모든 오리와 물새류는 인플루엔자 바이러스에 감염되어 있지만, 아무 증상을 일으키지 않는 상태로 적응했어. 그래서 야생 조류는 인플루엔자 바이러스의 자연 숙주로 다양한 혈청형에 감염되어 있어도 건

강하게 살아가며 폐사율은 극히 낮아.[36]

여기서 우리는 생명체 간의 관계에 대한 깊은 이해가 요구된단다. 일반적으로 "바이러스는 감염된 생물에 병을 일으키지 않은 채 공존하는 경우가 많아. 숙주인 세포가 죽으면 자신도 증식할 수 없으므로 세포를 죽이지 않고 증식할 수 있다면 바이러스에게도 좋은 일이야. 이것은 오랜 진화의 과정에서 바이러스가 도달한 살아남기 위한 방책이라 할 수 있지."[37]

4
상호 적응

아빠, 바이러스와 숙주의 공존 이야기도 이해는 되지만, 아직은 바이러스의 일방적인 공격이라는 생각이 더 큰 것 같아요. 오랜 시간을 두고 공존한다는 설명만으로는 너무 막연한데, 보다 빨리 서로 적응한 예는 없나요?

우리는 환원주의적 사고가 지배하고 있는 사회에서 교육을 받고 살아왔기 때문에 환원주의적 시각에서 벗어나기가 쉽지 않아. 더군다나 인류의 역사를 통해 많은 전염병에 의해 수많은 사람이 목숨을 잃는 것을 간접 경험했으며, 그런 전염병은 특정 바이러스가 원인이 되어 발생했다는 환원주의적 교육을 받아왔기 때문에 전염병을 특정 원인체로 환원시키는 경향을 쉽게 멈추지 못하지. 그로 인해 르네 뒤보와 같은 전문가가 숙주와 기생 생물에게 충분한 시간이 주어지면 궁극적으로 평화로운 공존 상태가 확립되기 때문에 수십만 년에 걸쳐 공존해온 자연 생명체

취미로 호주에 들여온 토끼는 급격히 증식하여 호주 생태계를 훼손시켰다.

에 전염병이란 존재하지 않는다고 말을 해도 받아들이기가 어려웠던 거지. 따라서 생명의 관계를 온전히 이해하기 위해서 환원주의적 질병관을 극복하려는 노력이 필요하단다.

전염병의 발생과 대규모 인명 피해는 단지 바이러스의 존재 때문에 발생하는 것이 아니야. 세계적인 역사학자인 윌리엄 맥닐(William H. McNeill)은 "빠르게 숙주를 죽여버리는 병원체는 그 자신도 위험에 빠져 계속 살아남을 수 없게 된다. 그렇기에 숙주가 되는 사람과 전염병을 일으키는 미생물 사이에 오랫동안 상호 교류가 계속되어 몇 세대를 거치고 쌍방 모두 수가 많을 때는 결국 서로의 생존을 가능하게 하는 상호 적응 구조를 만들어낸다"[38]고 말했어.

전형적인 사례로 호주 토끼의 점액종 바이러스(Myxoma virus, MYXV) 변이 연구에서 살펴볼 수 있어. 1859년 호주를 점령한 영국인은 취미 생활을 위해 사냥용으로 유럽에서 토끼 24마리를 들여와 호주 빅토리아에 방사했어. 토끼는 번식력이 강하고 호주의 생태계에 강력한 천적이 없었기 때문에 폭발적으로 번식하여 호주 전역으로 퍼져나갔지. 1950년에는 6억 마리로 늘어나 토종 야생 동물은 물론 가축들마저 물과 풀을 놓고 이들과 경쟁해야 하는 상황에 처했어. 토끼들이 주변의 풀을 모조리 뜯어 먹은 결과 농경지는 손상되고 생태계뿐만 아니라 호주의 중요 산업인 양털 생산까지도 심각한 타격을 입게 되었단다.

이 문제를 해결하기 위한 대안으로 생각해낸 것이 점액종 바이러스를 이용하는 것이었어. 연구실 실험에서 점액종 바이러스는 99.8%의 치사율(Case Fatality Rate, CFR)을 보일 정도로 강한 독성을 지녔거든.[39] 1950년에 이를 이용한 토끼 구제(驅除) 작업이 대대적으로 이루어졌으며, 호주 토끼 개체 중 90%를 성공적으로 없앨 수 있었단다. 하지만 시간이 흐르면서 바이러스에 의한 토끼의 치사율은 서서히 낮아지기 시작했어. 실험실에서는 99.8%, 야생에서도 90% 이상의 치사율을 보이던 점액종 바이러스의 치사율은 2년 후에는 약 80%, 그리고 6년 후에는 약 20%로 급감했어. 이러한 변화는 단지 토끼의 적응뿐만 아니라 바이러스의 변화도 동반하여 생긴 결과야.[40]

숙주는 회피, 저항, 관용 이 세 가지 전략을 사용하여 전염병으로부터 자신을 보호해. 회피는 감염원에 대한 노출 위험을 줄이고, 저항은 일단 감염이 되면 병원균을 제거함으로써 병원균이 주는 부담을 줄여. 마지막으로 관용은 병원균에 직접적으로 영향을 주지 않으면서 감염의 부정적인 영향을 감소시킨단다.[41] 숙주는 병원균이 약한 경우 병원균을 제거하는 방식으로 대응하지만 병원균을 제거하는 과정에서 발생하는 부

사냥된 호주의 토끼들. 하지만 토끼의 폭발적인 증식력으로 토끼는 끝없이 증식되었다.

작용이 큰 경우 병원균과 공존하는 방식을 찾아. 이와 같이 전염병이라고 규정하는 병리적 현상과 그것을 유발하는 바이러스의 병독성은 단지 바이러스만의 문제가 아니야. 병독성과 관련된 많은 변화는 상호 간에 미묘한 영향을 끼치며 복잡성을 띤단다. 그렇기에 한정된 지역에서 오랜 기간 상호 관계를 맺어온 유기체와 바이러스 간에는 상호 적응에 의해 치사율이 낮아져 대량 살상을 유발하는 전염병 사태는 발생하지 않아.

5
전염병의 기원

그렇다면 아빠, 대량 살상으로 이어진 전염병은 왜 발생했나요?

인류의 역사에서는 흑사병이나 천연두, 스페인 독감과 같이 대량 살상을 유발한 전염병 사태가 빈번하게 있었어. 인류 역사를 살펴보았을 때 대규모 전염병이 발생한 것은 약 1만 년 전부터야. 맥닐은 그 원인을 세 가지로 이야기해. 첫 번째는 정착 농업이 시작되며 인간이 소를 비롯한 가축들을 인간의 생활권 내로 끌어들임으로써 가축들에게 있던 바이러스들이 인간에게로 넘어올 수 있는 환경이 만들어진 거야. 두 번째는 약 2,500년 전 문명 중심지들 간에 접촉이 늘어나면서 질병의 전파와 출현의 새 길이 열린 것, 세 번째는 유럽인들의 세계 탐험이 늘어나면서 아프리카, 아메리카, 태평양 지역에 살던 원주민들이 외부에서 유입된 전염병에 희생된 것이야.[42] 이러한 각 단계의 공통점은 따로따로 경계를 두고 살아야 할 유기체들이 인간에 의해 뒤섞이면서 인간과 미생물 각각의 환경이 급변하여 새로운 환경이 만들어졌다는 점이지. 재레드 다이아몬드(Jared M. Diamond) 또한 전염성 질병들은 약 1만 년 전 농업의 발생과 더불어 시작되었고, 지금으로부터 몇 천 년 전에 도시의 발생과 더불어 가속화되었다고 말했어.[43]

대규모의 사망을 유발했던 천연두, 인플루엔자, 결핵, 말라리아, 흑사병, 홍역, 콜레라 같은 질병들은 대부분 다른 동물 종으로부터 왔어. 두창은 개나 소에서, 출혈열은 설치류나 원숭이에서, 결핵은 소나 가금류로부터, 에이즈는 아프리카원숭이에서 전파되었다고 추정돼. 지난 30년 동안 파악된 새로운 인간 질병의 75%가 야생 동물이나 가축과 밀접한 관계가 있어.[44]

많은 전염병이 동물에게 있던 바이러스가 사람에게 감염되면서 발생했어. 하지만 이러한 바이러스는 고유의 숙주에게는 질병을 유발하지 않아. 최근 인류에게 심각한 문제가 되고 있는 에이즈의 원인 바이러스인 SIV(Simian immunodeficiency virus, 유인원면역결핍바이러스)는 40종이 넘는 아프리카 원숭이와 유인원에서 자연 감염이 발견될 정도로 폭넓게 분포해. 원숭이 집단에 따라 다르지만 30~70%가 SIV 양성 반응을 나타내. 하지만 원숭이들은 에이즈에 걸리지 않아.[45] 에볼라 출혈열을 유발하는 에볼라 바이러스는 원래 자연계에서 박쥐를 숙주로 삼았지만 박쥐의 체내에서는 특별한 증상을 일으키지 않아. 그리고 뇌염 증상을 유발하며 수백 명의 사람을 죽게 했던 니파 바이러스 감염증의 원인체인 니파 바이러스도 자연 숙주인 동남아시아의 큰과일박쥐에게는 아무런 해도 입히지 않아. 대규모로 떼를 지어 다니는 '나는 여우'라는 별

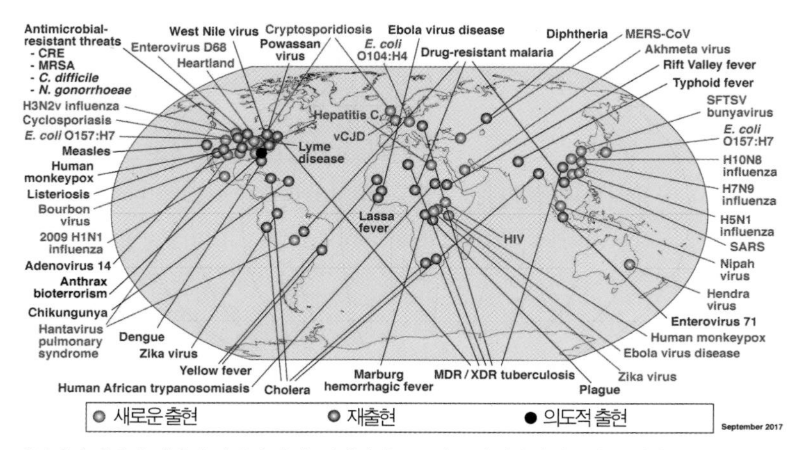

전염병의 발생과 재발의 세계적 사례. 전세계적으로 많은 전염병이 발생하고 있다. 이들 전염병중 어떤 전염병이 팬데믹이 될지 알 수 없는 상황에 우리는 살아가고 있다. 출처 : National Institute of Allergy and Infections Diseases

명을 가진 이 박쥐들은 대개 여기저기 흩어져 살면서 야생에서 열리는 과일을 먹었어. 그런데 1980년대 이후 동남아시아 지역에서 벌목과 농경지 확장이 계속되면서 박쥐의 주거지와 야생 과일을 구할 수 있던 숲들이 사라져버렸단다. 큰과일박쥐들은 먹이를 찾아 북쪽으로 이주할 수밖에 없었고, 결국 말레이시아 반도의 돼지 농장들 근처 과수원에 정착했어. 그리고 박쥐에게서 전파된 바이러스는 이들의 침입에 대비할 면역계를 지니지 않은 사람과 돼지를 공격하여 100명이 넘는 사람들이 죽었고, 말레이시아 돼지 산업은 몰락했지.[46] 2019년 발생하여 전 세계를 팬데믹에 빠뜨린 코로나19 바이러스도 자연 숙주인 박쥐나 천산갑에게는 문제가 되지 않았어.

오랜 시간에 걸쳐서 숙주에게 감염된 바이러스는 자연 숙주의 생명을 위협하지 않으면서 안정된 감염 상태를 유지해. 그런데 인간에 의해 환경이 급격히 변할 경우 자연 숙주와 맺고 있던 안정적인 관계가 깨지면서 바이러스는 새로운 숙주에 감염되어 심각한 증상을 유발한단다. 그런 측면에서 오늘날 아마존 밀림을 비롯하여 자연 생태계를 급격히 파괴하는 인간의 행위에 대해 경각심을 가져야 해. 열대림에 갇혀 있던 인간이 알지도 못하는 무수한 바이러스들이 그들의 자연 숙주가 사라짐으로 인해 새로운 숙주를 찾을 것이고, 그 대상은 어디서나 쉽게 접할 수 있게 된 인류가 될 가능성이 가장 크기 때문이야. 그렇기에 많은 과학자들은 생태계의 극심한 파괴에 따른 심각한 팬데믹의 발생을 경고하고 있단다.

6
인플루엔자 경고

팬데믹은 자연 생태계에 대한 급격하고 극심한 파괴 때문이군요. 하지만 조류 인플루엔자는 철새 때문이라는데, 철새는 갑자기 생긴 것이 아닌데 왜 발생하는 거죠?

우리는 열대림의 바이러스뿐만 아니라 인플루엔자 바이러스를 특히 경계해야 해. 인플루엔자 바이러스는 RNA 바이러스로 DNA 바이러스에 비해 변이가 쉽게 일어나는 특성이 있어. 이러한 변이를 통하여 인플루엔자 바이러스는 사람에게 감염되는 형태로 변화할 수 있단다. 인플루엔자 바이러스는 1918년 스페인 독감을 유발하여 6,000만 명의 사상자를 발생시켰고, 그 이후로도 아시아 독감과 홍콩 독감과 같은 팬데믹을 여러 차례 유발했어. 하지만 앞에서도 이야기했듯이 인플루엔자 바이러스 자체가 팬데믹의 원인은 아니야.

야생 조류는 인플루엔자 바이러스의 자연 숙주로, 바이러스에 감염되어도 대부분 특별한 증상이 없어. 하지만 이렇게 야생 조류에게는 문제가 되지 않던 인플루엔자 바이러스가 공장식 축산의 가금류에게 전파되면 고병원성으로 변이되는 경우가 많아. 오늘날과 같이 가금류와 돼지가 높은 밀도로 혼합 사육되는 축산 방식은 바이러스의 진화적 변이 가능성을 높이면서 복제, 돌연변이, 재조합의 기회와 가능성을 증가시켰어.[47] 세계적인 인플루엔자 전문가인 로버트 웹스터(Webster R.G.)는 돼지와 닭을 함께 사육하면 다른 아형의 인플루엔자 바이러스가 살아있는 상태로 함께 모이면서 재조합을 위한 최적의 조건이 형성된다고 해.[48] 유엔식량기구(FAO)도 수차례에 걸쳐 조류 인플루엔자가 세계에 만연하게 된 데는 "고밀도 사육 시설에서 집약 방식에 의해 가축을 생산한"[49] 탓이 크다고 발표한 바 있어.

인플루엔자 유행은 중국 남부(특히 광둥과 주장강 삼각주)에서 발생하는 경우가 많았어. 광둥은 중국의 3대 가금류 생산지 가운데 하나로 7억 수 이상의 닭을 사육하고 있거든. 다시 말해 광둥에는 고밀도의 가금류, 인간 집단, 다수의 돼지, 도처에 산재한 야생 조류가 공존하고 있는 셈이지. 인플루엔자 전문가들은 이러한 환경으로 인해 모든 팬데믹이 돼지와 가금류가 밀집되어 있는 중국 남부의 혼합 농업 지대에서 시작된다고 믿고 있어.[50]

과거 중국 남부 지역에서 발생하던 인플루엔자 바이러스의 변이가 근래에는 다른 곳에서도 유발될 수 있는 새로운 환경이 만들어졌어. 그것은 바로 숙주가 밀집되어 사육되는 공장식 축산 환경이야. 연구자들은 인플루엔자 바이러스의 돌연변이가 갑자기 폭발한 원인으로 밀집 축산 환경에서의 사육 두수 증가와 백신 접종을 지목했어.[51] 특히 제3세계의 도시화와 축산업 혁명은 인플루엔자의 생태 환경을 근본적으로 바꿔 놓았을 뿐만 아니라 새로운 변종의 진화를 촉진했단다. 몇몇 연구자들은 인플루엔자가 종 사이를 빠르게 오가며 진화할 수 있는 환경적 조건이 이제 광둥 이외의 다른 곳에서도 발견되고 있다고 주장하고 있어.[52] 그것은 대규모 공장식 양계장이며 우리나라의 양계장도 대부분 대규모 공장식 양계장으로 변화된 상태지.

WHO는 2003년부터 2017년까지 총 860명이 고병원성 조류 인플루엔자에 감염되었고 그중에서 454명이 사망했다고 밝혔어.[53] 대부분이 가금 농장에 종사하는 사람들이었어. 지금은 소수의 가금 농장 종사자에 한정되어 인플루엔자 감염자가 발생했지만 대규모 가금류 농장에서의 인플루엔자 바이러스는 언제든지 사람에게도 전파력이 강한 아형으로 변이할 수 있지. 이런 변이로 인해 코로나19가 전 세계적으로 확산되었듯이 인플루엔자 바이러스로 인한 치명적인 팬데믹이 발생할 수 있어. 이것이 조류 인플루엔자가 발생했을 때 공장식 축산이라는 구조적인 문제를 해결하기보다는 철새 탓을 하면서 감염된 가금류와 인근 농장의 가금류를 살처분 하는 현재 방역 방식이 안고 있는 위험성이란다.

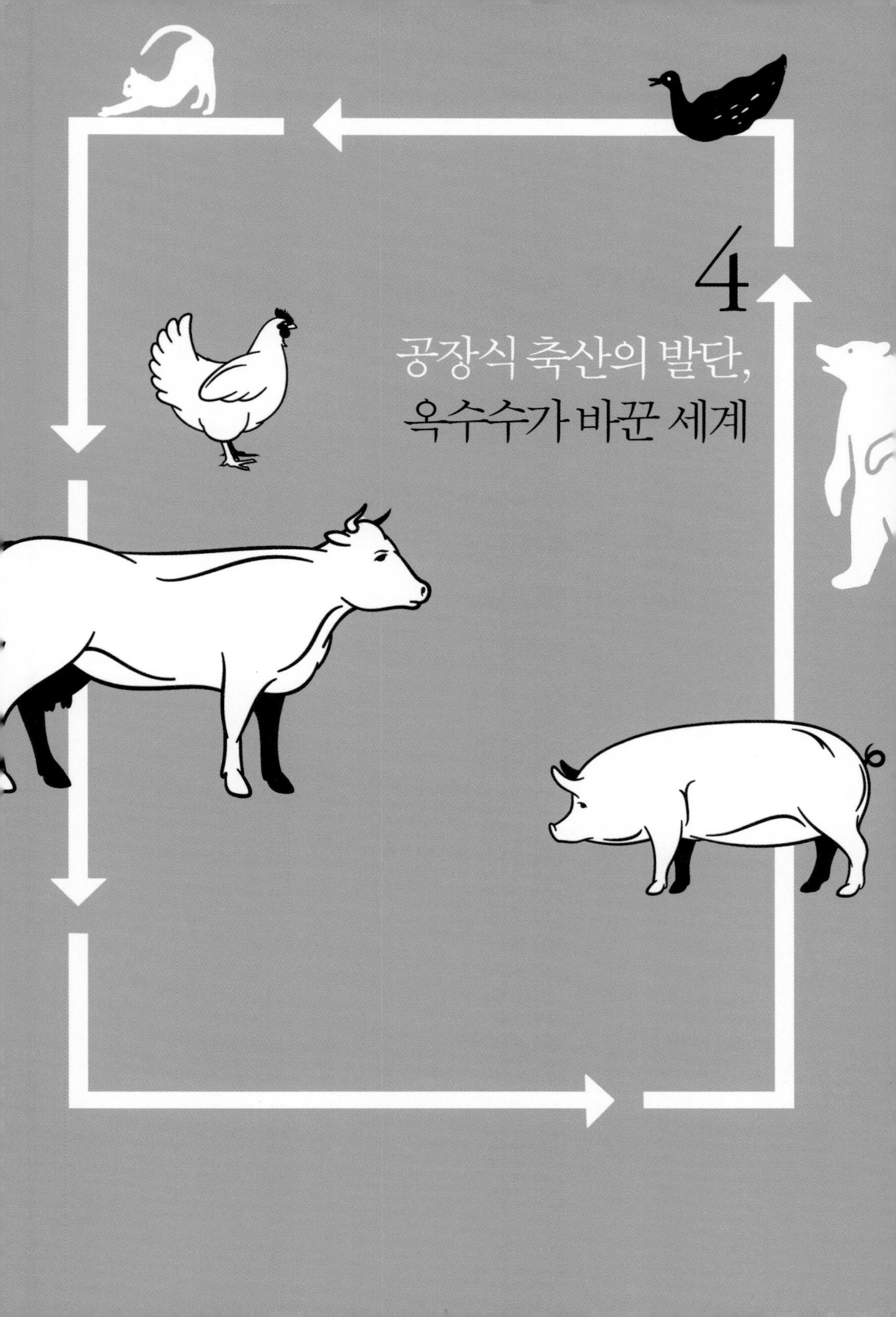

4
공장식 축산의 발단, 옥수수가 바꾼 세계

1
하버 보슈법, 잉여 농산물의 등장

아빠, 옛날에는 소규모로 가축을 키웠을 텐데, 어떤 계기로 공장식 축산이 가능하게 됐나요?

어느 나라나 과거의 농촌에서는 곡물 부산물을 퇴비로 만들기 위해 가축을 사육하였단다. 가축 사육 규모는 십여 수의 닭과 몇 마리의 돼지와 소 정도로 농업에 부수적인 정도였어. 곡물 부산물을 자체 순환시켜 농업을 지속 가능할 수 있도록 만들어주었지. 그랬던 것이 화학 비료가 개발되면서 급격히 증가한 옥수수 생산량과 그와 함께 진행된 공장식 축산에 의해 어느 순간 급격한 변화를 맞게 돼.

생물은 성장을 위해 필수 아미노산, 단백질, 핵산 등의 원료가 되는 질소가 반드시 필요해. 지구 대기의 약 78%가 질소이지만, 질소 원자는 삼중 결합으로 단단히 결합되어 있어 생물이 바로 사용할 수 없단다. 지

독일의 과학자 프리츠 하버는 하버 보슈법을 발명함으로써 인류 증가에 큰 영향을 끼쳤다. 그는 또한 제2차 세계대전 당시 포로 수용소에서 사용된 독가스도 개발하였다.

구상의 생물은 콩과(科) 식물의 뿌리에 사는 토양 세균이나 번개에 의해 고정되는 질소만 사용할 수 있단다. 따라서 지구가 부양할 수 있는 생명체의 총량(바이오매스, biomass)은 세균과 번개에 의해 고정되는 질소의 양에 의해 한정되어 왔으며, 35억 년 동안 지구 생태계의 바이오매스는 안정적으로 균형을 이루어왔어.

이러한 질소 사용의 한계를 깬 사람은 독일의 천재 과학자 프리츠 하버(Fritz Haber)야. 하버는 제1차 세계대전 당시 폭탄의 원료인 질산염이 영국에 의해 칠레에서 독일로 수입되는 것이 막히자, 폭탄의 원료를 만들기 위한 연구를 진행하여 공기 중의 질소를 고정하는 방법을 발명했어. 이 방법이 '하버 보슈법' 이야. 하버 보슈법으로 인해 사람들은 화석 연료를 이용하여 직접 질소 화합물을 만들고, 더 많은 질소를 사용할 수 있게 되었단다.

이 하버 보슈법이 농축산업에 큰 변화의 계기가 된 때는 제2차 세계 대전이 끝날 무렵이었어. 당시 미국 정부는 전쟁 기간 중에 폭발물을 만드는 데 사용되던 질산암모늄이 군수 공장에 넘쳐나자 비료로 만들어 식물의 질소 공급원으로 활용하는 방안을 모색해냈어. 농림부와 록펠러(Rockfeller) 재단은 1943년, 이 질소 비료에 가장 효율이 높은 옥수수를 이용하여 녹색 혁명의 시작이라 할 수 있는 옥수수 재배 프로젝트를 실시하였어.[54] 1950년대에 이르러 잡종 옥수수와 화학 비료가 만나게 되면서 옥수수 생산량은 폭발적으로 증대되었단다.

2
옥수수의 폭발적 증산과 PL480

아빠, 옥수수의 생산이 공장식 축산으로까지 연결된다면, 농업에 미친 영향도 만만치 않았을 것 같아요.

하버 보슈법에 의해 비료가 생산되기 전 농부들은 옥수수와 콩을 번갈아 심고, 옥수수 부산물로 가축을 키웠으며, 가축의 배설물로 곡물을 재배했어. 하지만 비료를 이용하게 되면서 농장에서는 더 이상 가축을 키울 필요가 없어졌고, 가축을 키우던 땅에 더 많은 양의 옥수수를 재배할 수 있게 되었지. 그로 인해 옥수수 생산량은 더욱 급격히 증가하였단다. 1950~1960년대를 시작으로 값싼 옥수수가 쏟아져 나오면서 넘쳐나는 옥수수를 처리할 방안으로 소들에게 풀이 아닌 옥수수를 먹여 사육하는 방법이 개발되었어. 닭과 소를 초지에 사육하던 농가는 대규모 사육장과의 가격 경쟁에서 밀려 가축 사육을 포기했으며, 방목장과 건초

용 풀밭도 사라졌어. 대신 그 공간에 옥수수를 심어 옥수수 재배 경작지는 더욱 넓어졌고 생산량이 더욱 증가하면서 가격은 더욱 하락했지. 그로 인해 파산하는 농부들도 폭발적으로 늘어났단다.

한편 제2차 세계대전 이후, 미국은 농산물 생산량 증가로 엄청난 양의 곡물 재고를 갖게 되었는데, 시간이 지남에 따라 과잉 생산이 초래할 수 있는 농업 공황에 대한 압박감은 더욱 극심해졌어. 마르크스(Karl H. Marx)는 자본주의적 생산의 발전은 투입되는 자본의 양을 끊임없이 증대시키도록 만들며, 개별 자본가에게 경쟁을 강요하고, 이러한 경쟁은 그들의 자본을 유지하기 위하여 끊임없이 확대하지 않을 수 없게 만든다고 말했어.[55] "자본주의는 자체적인 법칙 때문에 끊임없이 팽창할 수밖에 없으며, 그 과정에서 새로운 시장을 만들어내고, 생산과 소비를 늘리게"[56] 되는 거지. 그로 인하여 자본주의 시스템은 필요에 의해서 생산하는 것이 아니라 자기 체제를 유지하기 위해 생산하게 돼. 시간이 지날수록 경쟁에 의해 생산량은 더욱 증대되어 소비량보다 생산량이 더 많아지고, 결국 생산품이 누적되어 공황이 발생해. 이러한 상황은 농업 분야에서도 진행되어 농업 공황 형태로 나타날 수 있단다. 윤병선 교수는 "농업 공황이란 자본주의적 상품 생산의 기본적 모순이 농업 부문에서 나타난 것으로, 농산물의 상대적 과잉 생산을 말한다."[57]고 말했어.

미국 정부는 이 문제를 해결하기 위하여 1954년에 PL480호(Public Law 480, Agricultural Trade Development and Assistance Act of 1954, 농산물무역촉진원조법)를 제정했어.[58] PL480호는 제3세계 국가에 잉여 곡물을 원조하는 것으로 미국 곡물 시장 가격에는 부정적인 영향을 미치지 않으면서 잉여 곡물을 처리할 수 있는 방법이야. 미국의 곡물 원조는

제3세계의 농업 기반을 와해시키는 계기가 되었지. 윤병선 교수는 이러한 해외 원조를 통한 잉여 농산물의 처리가 미국의 농업 공황을 국제 시장으로 전가했으며, 미국 잉여 농산물의 처리장이 되어버린 국가는 농업 생산의 자립적인 발전이 봉쇄당했다고 했어.[59] 각 나라의 주곡(主穀)들이 무상으로 들여오는 잉여 곡물들과 가격 경쟁을 할 수밖에 없었기 때문에 주곡들의 가격은 하락했고, 제3세계의 농부들은 생존이 불가능하게 되어 농업을 포기하게 되었거든. 우리나라도 그런 나라 중 하나였어.

3
그린 파워 전략과 신자유주의

아빠, 지금까지 이야기를 들으니 옥수수의 폭발적 생산은 왠지 첫 단추가 잘못 끼워진 듯한 불길한 예감이 들어요. 뭔가 세계 경제의 지각 변동으로 이어졌을 것 같아요.

1970년대 들어 미국은 베트남전 수행 등 세계적 패권 유지를 위한 비용이 상승함으로 인해 막대한 국제 수지 적자를 감당해야만 했어. 미국은 국제 수지 적자를 타개하기 위해 이전까지 잉여 농산물의 관리 수단에 불과했던 PL480호를 상업적 수출 정책으로 전환하는 그린 파워 전략을 택했단다. 미국 정부는 미국 농산물의 상업적 수출을 확대하기 위해 수입국에 강력한 개방 요구와 함께 수입국 정부가 자국 농산물에 대해 보조나 융자와 같은 정책을 실시하지 못하도록 압력을 넣었어.[60] 자기들은 여전히 다양한 형태로 보조금을 지급하면서 수입국에서는 보조금을 지급하지 못하도록 한 거야.

1970년대 중반 세계 정치 경제의 불안정과 함께 만성적 과잉 생산으로 집약되는 미국식 농업 체계의 내적 모순은 국제 식량 사정에 큰 충격을 주었어. 1980년대에는 자본의 세계화가 문제의 해결책으로 부상했지. 세계화는 자본 시장의 자유화, 자유 무역의 확대, 정부 규제의 축소로 요약되는 신자유주의 정책이야. 신자유주의는 '작은 정부론'과 '시장 원리 만능'이라는 사상에 입각하여 자본 활동의 자유화를 꾀함으로써 독점 자본의 축적을 유리하게 하는 것을 가장 큰 목표로 삼고 있단다. 다시 말해 '규제 없는 자본주의'의 첨병이라고 할 수 있지. 그 첫 번째 귀결은 1995년 출범한 세계무역기구(WTO) 체제였단다.[61] WTO는 GATT 체제에서 예외 품목이었던 농업 관련 무역 규정에 대하여 관세 이외의 수단으로 농식품에 대한 수입을 제한할 수 없다는 원칙을 제도화했어. 농업에 대한 일률적인 보조금 삭감과 시장 개방을 권고하였는데,[62] 이는 철저히 세계적 농업 수출국의 이익을 대변하는 행위였어. 경제협력개발기구(OECD) 또한 농산물에 대해 일정한 규격을 설정했는데, 이는 농산물의 유통을 원활하게 하여 세계적 시장을 만들어내는 데 기본적인 목적이 있었어.

WTO 출범 당시 선진국은 자국의 농업 보조금 축소를 약속했어. 하지만 WTO 체제의 느슨한 의무 이행 조치는 강대국에는 기존 관행을 지속할 수 있는 자유를 보장했단다. 자유 무역이라는 명목에도 불구하고 미국과 EU 등 선진국은 다양한 방식으로 농업 보조금 정책을 지속했어. 미국, 유럽연합, 일본은 전 세계 그린 박스 지불액의 87.5%를 차지했지. 그린 박스는 소득 보험과 같은 형태로 농민들에게 지급되는 농업 보조금

이야. 미국은 국제기구를 통해 농산물 수입국들의 보조금 지급을 금지하라고 압박하였지만, 정작 자국의 농민들에게는 직접 보조, 마케팅 대출, 농지 보존 보조금, 보험, 재난 원조, 수출 보조금, 농업 연구와 통계, 간접 보조와 같은 다양한 형태의 보조금을 지속적으로 지급했어.[63]

이러한 보조금 덕분에 선진국의 농민들은 생산된 곡물이 생산비보다 싼 가격에 수출되더라도 지속적으로 농업에 종사할 수 있었던 거야. 2015년 미국의 밀은 생산 원가보다 32%, 대두는 10%, 옥수수는 12%, 쌀은 2% 싼 가격으로 덤핑 수출되었거든.[64] 농업무역정책연구소(Institute for Agriculture and Trade Policy, IATP)는 이러한 미국의 농작물 덤핑 행위가 다음 세 가지의 심각한 문제를 야기했다고 평가했어. 첫째, 덤핑 판매되는 농산물은 미국 내수 시장이나 수출 시장 모두에서 경쟁 농민의 경제적 생존 가능성을 저해시켰어. 이것은 농업이 주된 산업 기반인 농업 국가에서 특히 심각한 문제가 돼. 둘째, 덤핑은 미국 농산물의 안정적인 가격을 위협하며, 농부들이 생산하는 농작물 가격은 종종 평균 생산 원가보다 낮아. 그로 인해 미국의 농민들이 농업을 지속하기 위해서는 농장 밖의 부가 수입이나 정부 보조금에 의존해야 했단다. 덤핑을 강화하는 시스템은 미국 농산물 경작자와 그 가족, 고용된 노동자, 그리고 그들이 살고 있는 농촌 공동체를 위기 상황에 빠뜨렸어. 셋째, 덤핑은 환경 보호에 반하는 경제 환경을 조성한단다. 농경지 주변 생태계를 보호하기 위해서는 농업에서 발생하는 오염 물질 관리가 필수적이야. 그러나 덤핑에 의한 가격 경쟁은 관리 비용 절감을 위해 농가가 오염 물질을 무단 방류하도록 만들어. 결과적으로 미국의 농산물 덤핑 수출은 수출국과 수입국 양국의 농민, 환경 및 지역 경제를 해치는 정책의 악순환을 발

생시켰단다.[65]

WTO 출범으로 곡물 수입국의 농민들은 곡물 수출국의 농민들과 경쟁하라는 요구를 받고 있지. 하지만 미국 농산물의 수출 경쟁력은 정부 보조금으로 가능하기 때문에 수입국은 처음부터 불공정한 게임을 강요받고 있는 거야. 이러한 신자유주의 세계화는 중소 가족농의 몰락, 초국적 농식품 복합체의 지배 강화, 국가 정책의 무력화를 야기했고, 선진국과 후진국을 막론하고 농업과 농촌을 붕괴시켰어.[66]

4
원조 농산물과 농촌의 붕괴

아빠, 폭탄 원료를 만들려다가 시작된 탓일까요? 미국의 옥수수가 세계의 농촌을 향한 폭탄이 되어 버린 것 같아서 안타까워요. 우리나라의 상황은 어떠했나요?

미국 농업 정책의 변화와 세계화는 한국 농업에 직접적이고도 심각한 영향을 끼쳤단다. PL480호에 의거하여 우리나라는 1955년 미국과 잉여 농산물 도입 협정을 체결하고 미국 잉여 농산물을 대량 도입하기 시작했어. 밀, 면화, 옥수수 등을 중심으로 이루어진 대량 도입은 농가에 심각한 타격을 주었지.

우리나라는 쌀이 주식이므로 농민들은 벼농사를 지어 자급 자족하고, 남는 쌀은 판매하여 주 수입원으로 삼아 자식을 교육하고 다음 추수까지 생활했단다. 하지만 값싼 밀과 옥수수가 원조되며 도시 노동자들은

PL480호에 따라 제공된 미국의 잉여 농산물은 이후 국내 농가의 자립에 심각한 타격을 주었다.

주식으로 쌀 대신에 밀과 옥수수를 대체 먹거리로 선택할 수 있게 되었어. 이것이 쌀 소비량을 감소시켰고, 거기에 더하여 정부는 물가 안정을 이유로 쌀값 억제 정책을 지속적으로 실시했어. 그로 인하여 농민들은 시간이 지날수록 수입이 감소하여 벼농사를 지어서는 생계를 이어갈 수 없는 상태가 되었단다. 정부는 수입 감소로 고통받는 농민들을 대상으로 벼농사 보호 정책이 아닌 경쟁력 강화를 주문했어. 또 고추나 마늘같이 판매하여 돈이 되는 경제성 작물 재배를 권장한 거야.

그로 인하여 농민들은 돈 되는 작물에 몰리면서 1978~1979년의 고추 가격 파동, 1979년의 돼지 가격 폭락, 1979~1980년의 마늘 가격 폭락, 1983년의 양파, 고추 가격 폭락, 1984년 송아지 가격 폭등, 1984~1985년

소값 파동 같은 사태들이 반복적으로 발생했어. 이러한 사태에 대해 정부는 근본적인 대책을 마련하기보다는 특정 농산물의 가격이 폭등할 때는 물가 안정 정책이라는 명목으로 수입을 확대하였고, 가격이 폭락할 때는 사실상 방임했단다. 특히 축산의 경우 정부가 농민들에게 대체 수입원으로 축산을 장려했고, 그 시책에 따라 규모가 있는 축산을 시작했다가 파산하는 농민이 적지 않았어. 이러한 농업 환경의 변화로 인하여 농업 소득의 가계비 충족도는 1975년 116%에서 1980년 82%, 1995년 70.8%, 2010년 36.5%로 급격히 악화되었단다.[67]

농민들은 오랫동안 농사를 지어왔고 나름의 자부심과 애착이 있기 때문에 생산물 가격이 그들의 생활을 보장하는 정도만 되더라도, 때로는 생존을 위한 최저 수준의 수입만 되더라도 토지를 경작했단다.[68] 하지만 농산물 수입과 지속되는 농산물 가격 억제 정책으로 인하여 생존이 불가능해진 농민들은 농촌을 떠나 도시 노동자로 전락해버렸어. 그 결과 총인구 중 농촌 인구가 차지하는 비중은 1960년대 70%에서 2013년에는 5.7%까지 지속적으로 감소되었어.

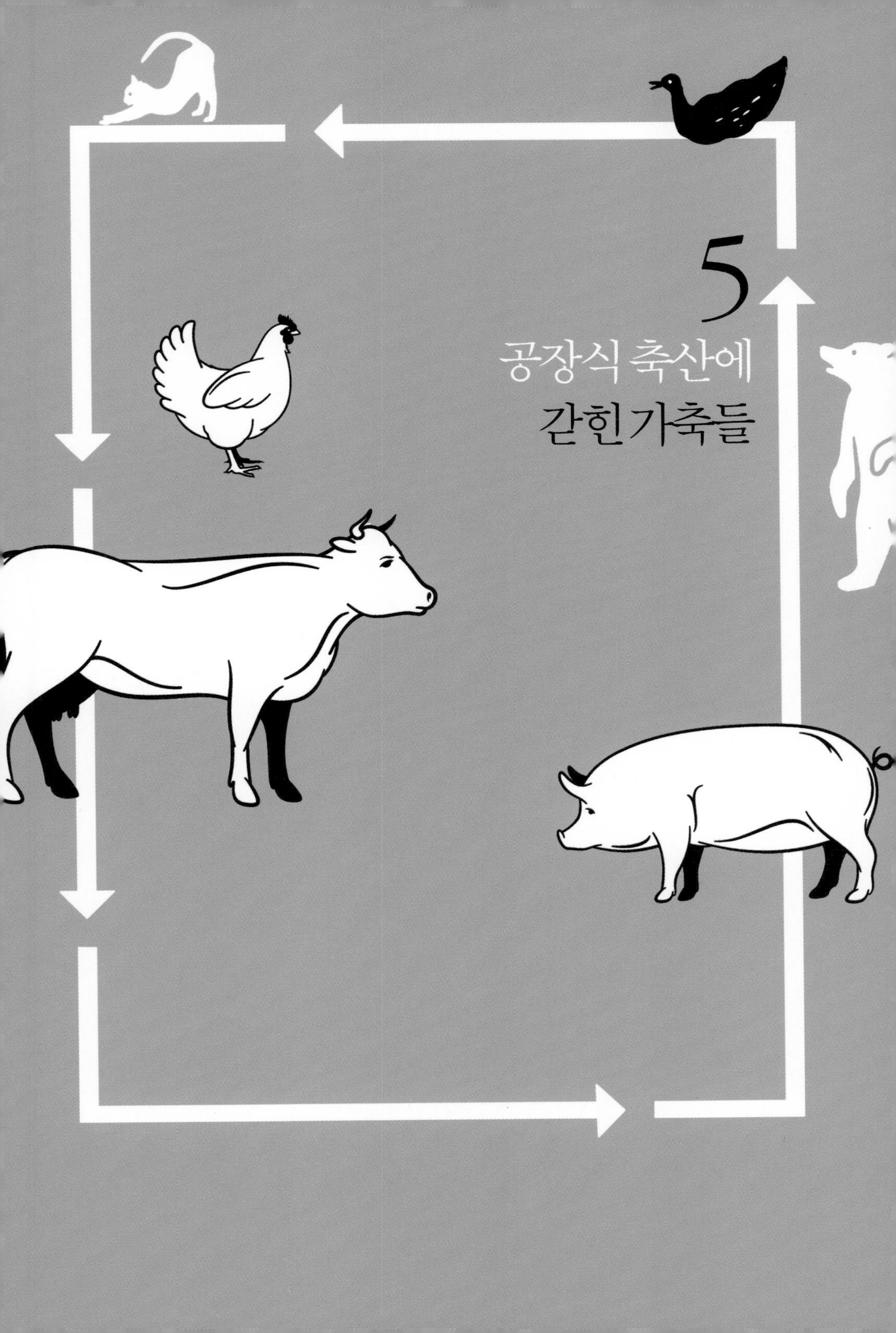

5
공장식 축산에 갇힌 가축들

1
공장식 축산의 필연적 등장 배경

아빠, 우리나라에서 공장식 축산은 왜 생겨났고, 어떻게 발전해왔나요?

인구의 70% 이상이 농업에 종사하던 1960년대 즉 우리나라가 산업화되기 이전, 대부분의 농가에는 십여 수의 닭들과 한두 마리의 돼지, 그리고 논농사에 역축(役畜)으로 사용할 소를 키웠단다. 흔히 볼 수 있는 시골 풍경이었지. 닭의 주요 용도는 달걀을 얻는 것이었고, 사위가 오면 씨암탉을 잡는다는 말처럼 특별한 날이나 닭이 더 이상 달걀을 낳지 못하게 되면 백숙으로 잡아먹었어. 당시 달걀이나 닭고기는 거의 자급자족했으며 남는 달걀은 장에 내다 팔았지. 돼지와 소는 음식 찌꺼기나 곡물의 부산물을 먹여 퇴비를 생산하는 수단으로 삼았고.

본격적인 한국 축산업은 PL480호에 의해 미국에서 무상 원조되던 옥수수를 소비할 목적으로 시작되었단다. 사람들이 먹기에는 너무 많은 옥수수가 들어왔거든. 1953년 축산 부흥 5개년 계획이 세워졌고, 1970년대 박정희 정권은 농협중앙회(농협은행)를 독려해 배합 사료 공장을 짓게 했어. 축산업은 본격적인 궤도에 오르며 확장되어 사료 생산량이 늘어나고 가축 사육 규모가 커지면서 축산물 생산량과 소비량은 매년 급격히 증가했단다.

년도		1970	1975	1980	1985	1990	1995	2000	2005	2010	2015
생산량 (천t)	쇠고기	37	70	93	118	95	155	214	152	186	216
	돼지고기	83	99	239	346	508	639	714	701	764	842
	닭고기	45	56	92	126	172	265	261	301	436	585
소비량 (kg)	쇠고기	1.2	2.0	2.6	2.9	4.1	6.7	8.5	6.6	8.8	10.9
	돼지고기	2.6	2.8	6.3	8.4	11.8	14.8	16.5	17.8	19.3	22.5
	닭고기	1.4	1.6	2.4	3.1	4.0	5.9	6.9	7.5	10.7	13.4

축산물 생산량과 1인당 소비량(자료 : 농림축산식품 주요 통계)

1980년 전체 농가 215만 6,000호 중 가축을 사육하는 가구는 157만 가구로 농가의 73%를 차지하였는데, 대다수가 닭 1,000수 이하, 돼지나 소는 4두 이하를 사육하는 부업 축산농이었지. 그러다가 1980년대 중반 거센 폭풍이 불어왔는데 그것은 수입 개방이었어. 농축산물이 수입 개방이 되면서 값싼 축산물이 수입된 거야. 그에 따라 반복적인 축산물 가격 파동을 거치면서 농촌의 대부분을 이루던 부업 축산농은 정리되고, 대규모 공장식 축산만이 살아남았어. 그 과정에서 대규모 축산과 산업적 조직 형태, 다시 말해 공장식 축산만이 가격 경쟁력을 확보할 수 있는 유일한 대안으로 간주되기 시작했단다. 그로 인해 1980년대 중반 이후 축산 전업 농가가 많이 늘어나고, 축산 선진국의 기자재와 설비가 들어와 수만 수의 닭을 키우는 농장들이 속속 생겨났어. 현재는 적은 인력으로 더 많은 닭을 관리할 수 있는 IT 기술이 접목되면서 산란계의 경우 10만 수 이상을 사육하는 대형 농장이 늘어났고, 육계도 5만 수 이상 사육하는 농가들이 점차 주류가 되고 있어.

이러한 축산 규모의 확대는 필연적으로 생산의 집약화를 낳았어. 토지가 넓지 않은 한국 농촌에서 생산성을 높이기 위해 좁은 공간에 많은 수의 가축을 사육하게 된 것이야. 그 결과 수익을 확보하는 데 필수적인 최소한의 설비만 갖추고 사육 두수를 증가시키는 방식의 공장식 축산이 확산되었단다.[69]

2
공장식 축산의 문제점

아빠, 예전에는 공장식 축산이라는 것이 막연히 시스템적이고 발달된 방법이라 생각했는데, 알면 알수록 혼란스러워요. 어떤 문제점이 있는지 알려 주세요.

국내 축산업의 주류로 자리 잡은 공장식 축산은 여러 문제를 안고 있어. 첫째, 사육 과정에서 가축에 대한 존중을 찾을 수 없어. 앞서 보았듯 생산성 향상에 초점이 맞춰진 축산 시스템은 가축의 건강보다 경제적 이득을 우선으로 두고 있지. 생산성이 떨어지는 가축은 솎아내기 하고, 살아남은 가축은 높은 밀도에서 사육해. 사육장은 배설물과 유독 가스로 차 있어. 햇빛을 받거나 모래에 뒹구는 천성적인 행동을 할 수도 없고, 몸에 맞지 않는 사료를 먹어서 면역력이 약해지고 질병에 취약해져. 고밀도 환경으로 스트레스 때문에 생긴 공격성은 부리를 자르고, 이빨과 꼬리를 절단해서 다스려. 축산 전문가로 구성된 농업과학기술협의회

(Council for Agricultural Science and Technology, CAST)는 공장식 축산의 실시로 전염성이 강한 병원균에 의한 질병의 발병 및 확산 위험이 증가하게 되었다고 해.[70]

두 번째, 공장식 축산이 야기하는 또 다른 문제는 배설물로 인한 악취와 환경 오염이야. 전통적인 방식의 농업은 적은 수의 가축을 사육하며 농업 부산물을 먹이고 배설물은 퇴비로 만들어 농사에 이용했지. 농업 부산물을 먹여 사육한 가축의 배설물은 냄새가 지독하지 않았으며 퇴비로 만들어 농업에 사용했기 때문에 환경 오염을 유발하지 않았어. 하지만 곡물 사료를 먹여 사육한 가축의 배설물은 심한 악취가 나며, 양이 너무 많아 환경 오염 문제를 발생시켜. 미국의 경우 축산 동물의 배설물이 일 년에 20억 톤에 이르며,[71] 우리나라의 경우 매년 4,500만 톤 가량 된단다.

게다가 이 배설물에는 사료에 첨가했던 항생제가 잔류하여 토지 생태계에 악영향을 끼치고 있지. 2017년 환경부는 소똥구리 50마리를 몽골에서 5000만 원에 구입해오는 입찰 공고를 냈어.[72] 소똥구리는 우리 농촌에 매우 흔한 곤충이었지만 이제는 멸종되어 국내에서 찾을 수 없어. 항생제가 잔류하는 소똥을 먹은 소똥구리들이 모두 죽어버린 까닭이야. 이와 같이 배설물에 잔류한 항생제는 생태계와 토양 미생물에 악영향을 끼치기 때문에 퇴비로 만들어 사용하는 것도 적절하지 않아.

세 번째, 축산물 과잉에 잇따르는 문제가 발생해. 1990년대에 축산 전업 농가들이 대규모 시설에 투자하여 더 많은 축산물을 생산하자 축산물 가격이 하락했어. 이에 축산 농가들은 사육 두수를 증가시켜 수익을 유지하는 전략을 취했지. 일단 사육 시설이 갖추어지면 사육 규모는 쉽게 늘릴 수 있기 때문이야. 그 결과 한국의 축산은 사실상 '초과밀 사육'을 특징으로 하는 '과잉 산업화'에 이르렀어.[73] 양계업의 규모가 커지고 생산성이 높아지며 육계가 과하게 생산되었고, 2015년에는 소비량보다 약 20% 정도 초과 생산되었단다.[74] 이러한 과잉 생산은 육계 가격을 폭락시킬 수 있는 요인으로 작용해. 안정적인 출하와 소득 보장이 어렵다는 불안감은 사육 농가가 축산 계열화 사업자와 계약을 체결하도록 이끌었어. 축산 계열화 사업이란 축산 계열화 사업자가 농가에게 가축과 사료 등을 공급하여 가축을 사육하게 하고, 사육된 가축 또는 축산물을 다시 출하받는 사업을 말해. 이런 축산물 과잉 생산 상태는 조류 인플루엔자가 발생해 예방적 살처분이 이루어질 경우, 축산물 과잉 상태 해소와 가격 폭락의 위험성이 제거됨으로써 축산 계열화 사업자의 주가 상승이라는 기현상이 발생하기도 해. 한쪽에서는 수만 마리의 닭들을 살처분하고 있는데 그 사업 주체의 주식이 상승하는 것을 우리는 어떻게 이해해야 할까?

공장식 축산에 대해 좀 더 깊이 고민해 봐야 하는 문제는 이런 시스템이 지속 가능할 수 있는가 하는 거야. 우리나라의 축산은 1950년대 이후 미국에서 수입된 옥수수를 처리하기 위한 수단으로 발달하였으며, 이후에도 미국으로부터 수입하는 곡물에 의존하고 있어.

현재 사료의 주원료를 생산하는 미국의 관행 농업은 석유를 토대로 이루어지고 있어. 하버 보슈법을 이용하여 생산되는 질소 비료는 1파운드를 생산하기 위해서 1만 1,503kcal의 석유 에너지가 필요해.[75] 드넓은 경작지에 씨앗을 파종하고 비료와 살충제를 뿌리고 수확하기 위해서는 석유로 운행되는 트랙터를 비롯한 영농 장비를 이용해야 한단다. 비료

세계적 규모로 발생하는 사막화는 인류에게 심각한 위협이 되고 있다. 사진 Satish Kale/MT BCCL Nashik

와 살충제를 생산하고, 곡물을 건조하고 수송하는 데에도 석유 에너지가 필요해. 이런 방식으로 1에이커의 옥수수를 재배하려면 302ℓ(80갤런)의 석유가 소비돼.[76] 하지만 석유는 영원히 이용할 수 있는 에너지원이 아니야. 또 화석 에너지의 과다한 사용으로 인하여 기후 위기가 가속화되고 있기 때문에 석유의 사용은 점차로 줄여나가야 하는 상황이지.

관행농의 곡물 재배 방식도 문제가 돼. 대규모 관행농은 농사의 편리성을 위해 한 가지 품종만 재배하는 단종 재배(monoculture) 농업이야. 여러 곡물을 혼작하는 경우 영농 장비를 이용해 파종하고 수확하기가 어렵기 때문이지. 그 결과 전 세계적으로 단종 관행농에 의해 해마다 1,500만 에이커의 토지가 사막화되어 소실되고 있어. 단종 재배는 제초제를 이용해 다른 식물의 성장을 차단하며 이렇게 단일 작물만 경작하는 경우 식물의 면역력이 저하되어 곤충이나 질병에 약해지기 때문에 살충제를 살포해야 해. 살충제 살포는 거미와 같은 천적까지 제거하여 살충제 살포를 더욱 빈번하게 해야 해. 그 결과 단종 재배는 혼종 재배보다 해충과 질병에 훨씬 약해지고 농약과 비료에 대한 의존성은 더욱 커진단다.[79] 곡물을 제외한 농작물의 부산물은 가축이나 곤충을 통해 분해되어 토양으로 되돌려 보내야 하지만 대규모로 이루어지는 단작 농업에서는 가축과 곤충이 없기 때문에 매번 비료를 통해 한정된 영양소가 보충돼. 이러한 제초제와 살충제는 토지의 분해자 생태계를 붕괴시키고, 비료의 염류는 축적되어 토지는 황폐화되버려.

이러한 환경 문제로 미국의 곡물 생산은 안정적이라고 볼 수 없단다. 그에 따라 장기적으로 곡물 가격은 상승할 수밖에 없고, 더 이상 싼 곡물에 의존한 공장식 축산을 영위할 수 없게 될 거야. 그렇기에 우리의 농촌은 장기적인 측면에서 미국의 사료용 곡물에 의존한 축산을 넘어 스스로 지속 가능할 수 있는 농촌상을 고민하여야만 해.

3
누구를 위한 축산인가

아빠, 공장식 축산은 축산의 문제만으로 끝나지 않는 게 더 큰 문제인 것 같아요. 과연 그 폐해는 어디까지인가요?

과도해진 축산에 대해 보다 좀 더 고민해봐야 하는 부분은 지구 생태계에 끼치는 영향이야. 현재 전 세계적으로 사육되는 가축의 규모는 소 13억 마리, 돼지 10억 마리, 닭 200억 마리 가량이야. 이렇게 세계 축산업이 엄청난 규모로 이루어지다 보니 지구 생태계에 끼치는 영향 또한 적지 않고 기후 위기를 가속화시키는 주요 원인이 되고 있어.

현재 인류를 가장 위협하는 것은 기후 온난화야. 기후 온난화로 지구의 온도가 상승하면서 만년설과 빙하가 녹고 그로 인해 해수면이 상승하여 섬들이 물에 잠겨 기후 난민이 증가하고 있어. 또 해류와 기상 패턴이 변하여 지구 곳곳에서 폭설과 폭염, 가뭄이 발생하고 있어. 2020년 우

최근 아마존에서는 축산용 곡물을 지배하기 위한 농경지 확장을 위해 매년 10만 건에 달하는 화재를 일으키고 있다.

리나라도 52일 간의 역대 최장기 장마를 겪어야 했어. 이런 기후 변화를 유발하는 주요 원인은 이산화탄소로 2009년 월드워치연구소는 축산업이 전체 이산화탄소 배출량의 51%를 차지한다고 밝혔어. 이것은 수송수단의 연료 사용으로 발생하는 양보다 훨씬 높은 수치야. 축산업으로 인한 이산화탄소 발생은 사료용 곡물을 재배하기 위해 산림을 파괴하면서 가장 많이 발생한단다. 또 곡물 사료를 먹은 가축은 장내 발효에 의해 이산화탄소와 함께 기후 온난화에 큰 영향을 끼치는 메탄과 아산화질소를 배출하는데 그 양은 인간이 배출하는 메탄의 37%와 아산화질소의 65%에 이른다고 해.

기후 위기를 심화시키는 요인 중 하나가 열대림 파괴인데 가축 사육 확대는 산림 벌채의 주요 요인이야. 특히 산림 벌채가 가장 많이 발생하는 라틴 아메리카의 경우, 파괴된 아마존 산림 지대의 70%가 가축 방목지로 사용되고 있고 나머지는 사료 생산에 쓰이고 있어.[83] 이렇게 벌채된 산림은 얼마 지나지 않아 토양의 영양이 고갈되면 또 다른 산림 파괴로 이어지고 있어. 그로 인해 브라질은 열대림을 파괴하기 위해 아마존에 화재를 일으키는데, 그 수가 2019년에는 8만 9,176건, 2020년에는 10만 3,161건에 달했어.

이러한 열대림의 파괴로 파생되는 또 다른 문제는 생물 다양성의 훼손이야. 2019년 UN 보고서는 지구 생물 중 50만~100만 종이 멸종 위기에 처해 있다고 발표했어. 환경은 시간이 지남에 따라 조금씩 변하게 되는데, 서서히 변화되는 환경에 적응하지 못하는 유기체는 멸종하게 돼. 그렇게 영화의 뒷배경처럼 서서히, 그렇지만 한편으로는 자연스럽게 발생하는 멸종을 '배경 멸종(background extinction)' 이라고 해. 현재 진행되고 있는 종의 손실은 화석 기록에서 발견된 배경 멸종 비율보다 50~500배 더 높은 것으로 추산된단다. 세계자연보전연맹(WCN)이 위협 대상 종(Red List of Threatened species)을 분석한 결과, 위협받고 있는 종의 대부분이 가축으로 인하여 서식지 손실을 겪고 있다고 해.[84]

4
지속 가능한 축산

아빠, 생태계까지 파괴하는 공장식 축산이라면 장기적으로는 지구와 인류를 위해 대안을 찾아야 하지 않을까요?

현재의 공장식 축산은 가축의 고통, 축산 분뇨에 의한 환경 오염, 기후 위기, 종 다양성 파괴, 지속 가능성과 같은 여러 가지 문제를 안고 있어. 이런 이유로 공장식 축산은 지양되어져야만 해. 축산의 바람직한 모델은 농업의 부산물을 가축에게 먹이고 가축이 생산한 분뇨를 퇴비화하여 토지로 환원하는, 지역 내에서 농업 부산물과 가축의 분뇨가 순환 체계를 갖출 수 있는 경축순환농업이야. 농업과 축산이 이렇게 자체 순환되는 관계를 이룰 때 환경 오염을 유발하지 않으며 지속 가능해지지. 이와 같이 지역 내 자원 순환적인 축산업이 되기 위해서는 무엇보다 지금과 같은 규모를 키워 축산물의 가격을 낮추는 방식에서 벗어나 축산의 규모를 축소시켜야만 해.

소비자 입장에서 축산업의 규모를 줄였을 때 발생하는 가장 큰 문제는 축산물 가격이 오르는 걸 거야. 지금까지 축산물을 싼 가격에 풍족하게 먹을 수 있었던 것은 대규모로 가축을 사육함으로써 가능했는데 사육 규모를 줄이면 생산비가 증가할 수밖에 없기 때문이지. 조너슨 사프란 포어(Jonathan Safran Foer)가 "공장식 축산은 생산 비용을 할 수 있는 데까지 최대한 절감하고, 환경 파괴, 인간의 질병, 동물의 고통과 같은 데 들어가는 비용을 체계적으로 무시하거나 그 비용의 책임을 '외부로 돌리는' 것"[85]이라고 말한 것처럼 공장식 축산은 생산비를 낮추기 위해 가축들을 고통스러운 환경에서 사육하고 또 환경이 오염되지 않도록 지불해야 할 비용을 지불하지 않고 외부화함으로써 축산물 가격을 싸게 유지했던 거야. 그런 방식에서 벗어나 가축들을 고통받지 않는 환경에서 사육하고 폐기물을 정당한 비용을 지불해서 처리하고 거기에 들어간 비용을 축산물 생산비에 반영한 것이 공정한 축산물일 거야. 그렇게 되면 축산물 가격이 다소 오를 수밖에 없는데 그런 축산물을 소비하는 것이 공정한 소비겠지. 마트에 가보면 공장식 축산에서 생산된 달걀과 동물복지농장에서 생산된 달걀을 파는데 동물복지농장에서 생산된 달걀이 더 비싸잖아. 동물과 환경을 생각하는 사람은 조금 더 비싸더라도 그런 달걀을 구매하지. 공정한 소비라는 것이 그런 거야. 그런데 문제는 이런 공정한 축산물을 위협하는 것이 싼 가격에 수입되는 수입 축산물이야.

값싼 수입 축산물로부터 공정한 축산물을 지킬 수 있는 방법은 세 가지 정도가 있어. 첫 번째는 현재 유기농 축산을 하는 농장에서 가장 많이 선택하고 있는 방법으로 유기농 축산물의 가치를 인정해주는 소비자나 생협과 같은 곳에 정당한 가격을 받고 판매하는 거야. 두 번째는 유기농 축산물 생산 가격과 일반 소비자들이 유기농 축산물을 구매할 때 지불하고자 하는 금액 사이의 차액을 정부가 재정 지원을 통해 메워줌으로써 유기농 축산 농가의 생산 활동을 안정화하는 거지. 마지막 세 번째는 가장 근원적인 해결책이기도 한데 외국에서 수입되는 낮은 가격의 축산물로부터 국내의 축산 농가가 위협을 받지 않도록 축산 농가를 보호할 수 있는 정책을 강구하는 것이지. 그것은 농업의 근원적인 문제와도 맞닿아 있단다.

현재 제3세계의 농민들은 거대 농업 생산국의 덤핑 농축산물과 가격 경쟁을 하고 있어. 이러한 경쟁은 거대 농업 생산국들이 자국의 농산물에 다양한 방식의 보조금을 지급하고 있기 때문에 처음부터 불공정한 경쟁이었어. 그럼에도 불구하고 우리나라를 비롯하여 여러 나라에서는 자본이 집약된 산업 집단의 이익을 위하여 농축산물 수입을 개방함으로써 농촌이 붕괴되는 상황에 이르게 했단다. 이러한 정책은 국익을 내세웠지만 실제로는 국민의 70%에 가깝던 농민의 극심한 피해에는 눈 감고 소수 자본가의 이익을 대변한 정책이었어. 이런 국가 정책의 구조적인 문제에 대해 축산업계 내에서 경쟁력을 갖춰 자체적으로 문제 해결 방안을 찾으라고 하는 것은 애초에 불가능한 것이고 무책임하고 불공정한 정책이었지. 그 결과 농민들은 파산하고 가축들은 열악한 환경으로 내몰렸단다. 국가 정책의 변화로 인해 발생한 농축산업의 피해는 국가적인 정책 차원에서 보전해주거나 관세 등 농축산업을 보호할 수 있는 보호 무역과 같은 근원적인 해결 방안을 모색해야 해.

한발 더 나아가 고민해봐야 하는 것은 현재의 축산은 막대한 양의 곡물 수입으로 가능한 상태란다. 이렇게 수입된 곡물은 외부에서 과다한 양의 질소를 국내로 들여오는 것이거든. 이 과다한 질소는 결국 국토를 오염시키고 수질을 오염시킬 수밖에 없어. 현재 질소 오염에 대해서는 하천이나 지하수의 질소 오염, 그리고 그러한 문제를 야기하는 축산 폐수 정도만 문제 삼고 있는 실정이야. 보다 더 근원이 되는 국가와 대기업 차원에서 이루어지고 있는 막대한 양의 곡물 수입에 대해 문제 제기 하는 곳은 없어. 국토를 과다한 질소로 오염시키는 근원이 되는 막대한 양의 곡물 수입을 어떻게 해야 하는가 공동체는 고민해야만 해.

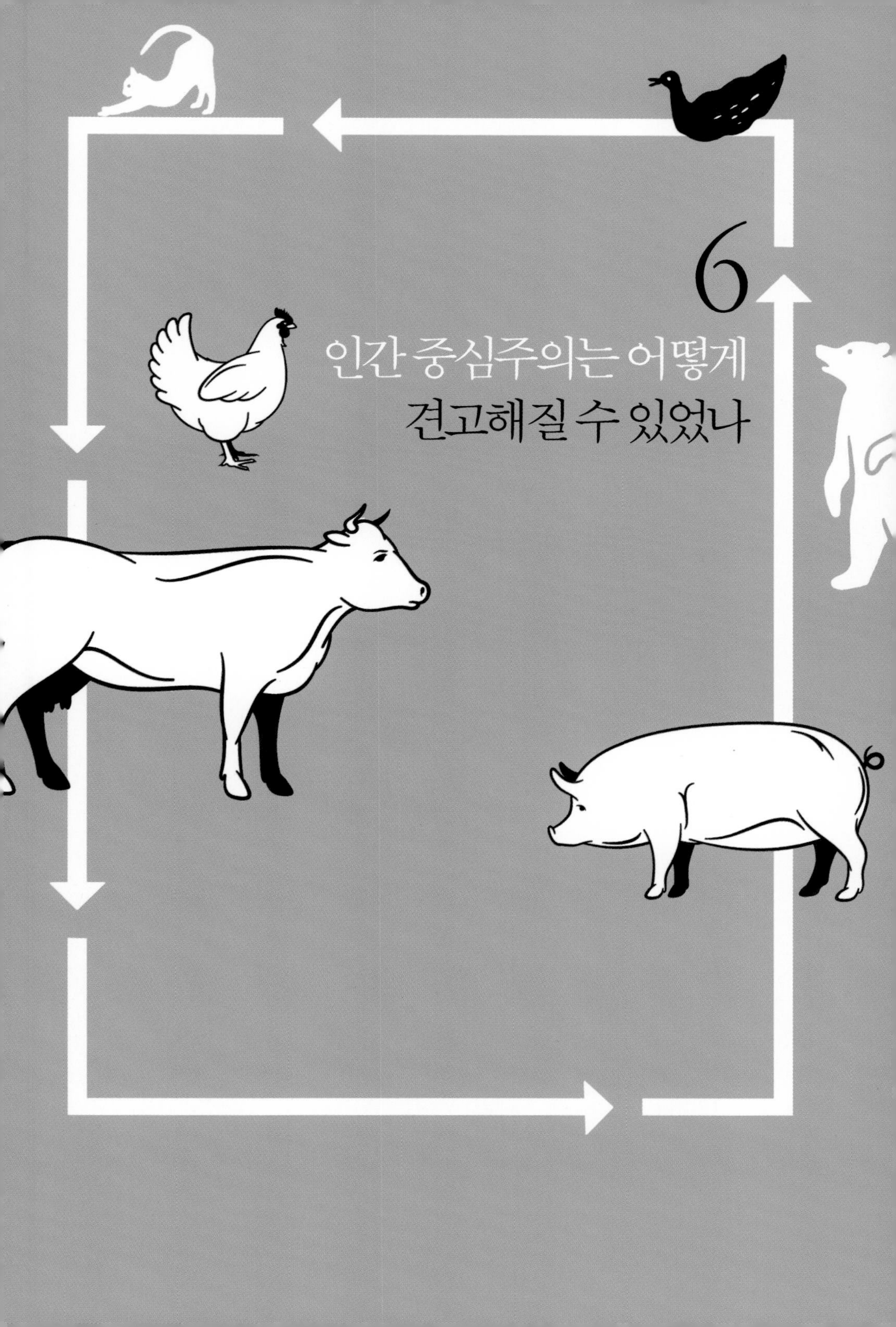

6 인간 중심주의는 어떻게 견고해질 수 있었나

1
인간 중심 철학과 종교

아빠, 지금까지 나 스스로를 동물을 좋아하고 생명을 존중하는 사람이라 생각했었는데, 그 이면에 인간이 더 우월하다는 생각이 있었던 것 같아요. 살처분 되는 가축이나 동물원의 동물을 보면서도 당연하게 생각했거든요. 왜 우리는 고통받는 동물들을 보면서도 제대로 인식하지 못했을까요?

리수야, 우리는 유기 동물, 길고양이, 실험동물, 축산 동물 등 많은 동물들을 인간을 대하는 방식과 전혀 다르게 대하고 있지만 다르게 대한다는 것 자체를 인식하지 못하지. 사람이 전염병에 걸렸을 때 어떻게 해서든지 치료하려고 하지 안락사는 생각지도 않아. 하지만 가축에 대해서는 단지 인근에 가축 전염병이 돌았다는 이유만으로 건강한 가축을 살처분한단다.

우리가 동물을 이런 방식으로 잔혹하게 대하는 것은 동물의 생명과 인간의 생명을 인간 중심으로 완전히 다르게 평가하고 있기 때문이야. 이런 인간 중심주의(anthropocentrism)는 자연의 생명체들과 인간을 별개의 존재로 보고 인간에게 일방적 우월성을 부여하는 이분법적 세계관을 바탕으로 한단다. 인간 이외의 존재는 인간을 위해서 존재할 때에 의미와 가치가 있다고 여기며, 인간의 이익을 위해서만 자연을 지배하는 거지.

인간 중심으로 생명을 바라보는 시각은 오랜 시간 동안 너무도 당연시되어 왔기 때문에 문제 제기조차 되지 못했어. 인간 중심주의는 어떻게 이처럼 깊게 뿌리 내릴 수 있었을까.

인간 중심주의는 종교, 철학, 과학 등 다양한 측면에서 강화되어왔어. 인간과 동물의 관계에 대한 종교, 철학적 논의들은 대부분 인간과 동물을 이원화하고 인간에게만 있는 이성과 같은 가치를 기준으로 인간을 우위에 둔단다. 그에 비해 이성을 지니지 않은 다른 생물은 열등하다고 평가하여, 그들에 대한 인간의 지배와 착취는 당연한 것으로 받아들여졌어.

인간을 우월하게 여기는 인간 중심적 태도는 동양과 서양에서 그다지 다르지 않은데, 특히 서양에서는 그리스의 고전 인본주의를 시작으로 전통적 기독교 유일신 사상, 생물을 정신과 육체로 구분하고 인간에게만 정신이 있다고 본 르네 데카르트(Rene Descartes)에 이르기까지 일관되게 이어져 왔단다.

아리스토텔레스는 "오직 인간만이 선악과 정 · 부정 및 이와 같은 것에 대한 감각을 갖고 있으며, 이것이 인간의 특질" 이라고 했어. 그는 "자연은 만물을 한 가지 쓸모를 위해서만 창조" 했다고 보았는데,[86] 그런 시각에서 동물과 다른 생명체는 그저 인간을 위해 존재할 뿐이라고 말했단다. 아리스토텔레스는 자연에 헛된 것이 하나도 없으므로 식물은 동물을 위해서, 그리고 식물과 동물을 비롯한 자연의 모든 생물은 인간을 위해 존재한다고 이야기했어.

지구 생명의 역사는 35억 년 가량으로 추정되고 있어. 그에 비해 인류가 지구에 나타난 것은 생명의 역사 중 가장 최근에 발생한 사건에 불과해. 아리스토텔레스의 주장은 그 장구한 생명의 역사를 거쳐 다양하게 진화된 생물들이 모두 인간을 위해 존재한다고 이야기하는 셈이야. 그렇다면 과연 인간이 나타나기 전부터 있었던 생물의 존재 이유는 무엇으로 설명될 수 있을까.

인간 중심주의가 견고해지는 데에 있어 서양의 정신적 토대의 큰 부분을 차지하는 것으로 기독교의 영향도 무시할 수 없어. 창세기에 따르면 하느님은 "우리와 비슷하게 우리 모습으로 사람을 만들자. 그래서 그가 바다의 물고기와 하늘의 새와 집짐승과 온갖 들짐승과 땅을 기어다니는 온갖 것을 다스리게 하자." 또 "자식을 많이 낳고 번성하여 땅을 가득 채우고 지배하여라. 그리고 바다의 물고기와 하늘의 새와 땅을 기어다니는 온갖 생물을 다스려라" 라고 되어있어. 린 화이트(Lynn White)는 이러한 교리를 근간으로 하는 기독교 신학이 인간과 자연을 구분하는 이원론을 확립했을 뿐만 아니라 인간이 자신의 목적을 위해 자연을 착취하는 것을 신의 의지로 허용하였기 때문에 근대 서양 과학과 함께 기독교 신학이 오늘날 생태적 위기의 역사적 뿌리라고 비판했어.[87]

가톨릭 사제이며 철학 교수인 에머리히 코레트(Emerich Coreth)는 동물은 자신의 본능과 욕구에 따라 반응할 뿐이지만 인간은 본능에 따라서만 사는 것이 아니라 자신의 행위를 통해 세계를 형성할 수 있고, 목표를 설정할 수 있으며, 또 가치 실현이나 문화를 창조할 수 있다고 했단다.[88] 인간과 동물은 본능을 대하는 태도도 다르고 또 인간에게는 동물에게 없는 능력이 있기 때문에 특별하다는 거야. 이러한 시각은 단지 가톨릭 사제들에 한정된 것은 아니야. 현대 철학자인 미카엘 란트만(Michael Landmann)도 비슷한 주장을 했어. 동물은 자연의 손에서 완성되어 나왔기 때문에 다만 자기 속에 주어져 있는 것을 실현해나가기만 하면 되지만, 인간은 어느 정도 미규정 상태이므로 그때그때 자기 자신을 어떤 특정한 것으로 완성시켜 가야만 하고, 노력으로 자기 자신이라는 과제를 해결해야 한다고 말했지.[89]

인간의 특성만을 우월한 것으로 평가하는 코레트나 란트만은 아래와 같은 폴 테일러(Paul W. Taylor)의 주장에 어떻게 설명할지 사뭇 궁금해.

"인간에게는 이성이나 자유 의지와 같은 인간만의 독특한 특성이 있지만 새들은 비행, 치타는 속도, 식물은 광합성, 거미에게는 거미줄 치는 솜씨와 같이 각자의 삶에 도움이 되는 특별한 능력이 있으며, 그것이 인간의 특성보다 낮게 평가될 이유가 무엇이냐."[90]

기독교 사상에 이어 서양의 이분법적 사고에 큰 역할을 한 철학자로 데카르트도 빼놓을 수 없단다. 데카르트는 자연을 '사유하는 것(res cogitans)' 인 정신 세계와 '확장된 것(res extense)' 인 물질 세계로 구분하는 자연관을 제시했어. 데카르트는 정신과 신체가 하나로 되어 있는 것처럼 보이지만 팔, 다리 등 신체의 일부가 불의의 사고로 잘려도 살아갈 수 있는 것처럼 신체는 그 본성상 떨어져 나갈 수 있지만 정신은 분리될 수 없기 때문에 이 둘을 별개의 것으로 보았어. 그는 의지하는 능력,

감각하는 능력, 이해하는 능력은 정신과 동일한 하나이지만, 물체적인 것은 이와 다르다고 했어.[91] 그는 동물은 물질적인 것으로 이성을 전혀 가지고 있지 않으며 동물의 행동이 인간과 유사한 부분이 있어 보일 수도 있지만 그것은 기계로도 모방할 수 있는 것이라고 했지. 데카르트는 동물을 영혼이 없는 자동 기계로 간주했어. 그런 생각을 바탕으로 실제로 살아 있는 개를 마취 없이 해부하면서 개는 영혼이 없기 때문에 고통을 느낄 수 없고, 개가 고통을 느끼는 것처럼 비명을 지르는 것은 뻐꾸기시계가 내부의 기계 장치에 의해 소리를 내는 것처럼 단순한 기계적인 반응일 뿐이라고 주장하였단다.

인간에게만 영혼이 있고 자연에는 의식이 결핍되어 있다는 데카르트의 주장에 의해서 사람들은 죄의식 없이 자연을 파괴할 수 있게 되었어. 데카르트를 비롯하여 많은 철학자들은 인간만이 의식이나 지적 능력을 갖고 있다고 생각했지만 비판 의견이 없는 것은 아니란다. 린 마굴리스(Lynn Margulis)는 데카르트의 주장이 사람들로 하여금 "아무런 가책 없이 거대한 무생물 기계인 자연을 해체하고 조작하고 실험할 수 있도록 하였다"[92]고 비판했어. 또 피터 싱어(Peter Singer)는 자연의 생명체를 대상으로 하는 실험자들이 데카르트의 이론 덕에 그런 상황에서 느낄 수 있는 양심의 가책을 무시할 수 있게 되었다고 해.[93]

현대 과학은 많은 동물들이 지적 능력을 갖고 있음을 밝혀내고 있어. 진화생물학자인 에른스트 마이어(Ernst Walter Mayr)는 "오늘날 동물 행동을 연구하는 사람들은 정신 활동에 있어서 일부 동물들과 사람 사이에는 범주적 차이가 없다는 사실을 확인하였다. 의식에 있어서도 마찬가지다. 의식의 근거는 무척추동물은 물론 심지어는 원생동물에서도 나타난다."[94]고 말했어. 정신이나 의식은 사람과 '동물' 을 구분하는 기준이 될 수 없다는 거지. 더 나아가 테일러는 "의식이 있든 없든 모든 유기체는 자신의 존재를 지키고 유지하는 지속적인 경향이 있으며 목표 지향적으로 활동하는 통일되고 일관성 있고 질서 정연한 시스템이라는 의미에서 목적론적 삶의 중심"[95]이라고 주장했어. 사람들이 이야기하는 의식을 기준으로 다른 생물을 차별하는 것은 바람직하지 않다는 거야.

2
인간과 동물을 구분하는 이유

아빠, 사람들 사이에서도 틀린 게 아니라 다른 것이라는 '존중'의 문화가 계속 언급되는 것을 보면 차별적인 인식은 고질적인 문제가 아닌가 하는 생각이 들기도 해요. 하물며 동물에 대한 생각이 개선될 수 있을까요?

사람들은 왜 이렇게 인간과 동물을 구분하려는 걸까? 이러한 구분은 단지 인간과 동물에 한정된 것은 아니었어. 인류는 역사 속에서 끊임없이 차별을 자행해 왔어. 피부색, 계급, 성별 등 여러 가지 기준으로 서로를 구분해 왔고, 다른 '종'인 자연의 생명체를 차별하고 있어. 왜 이렇게 인간은 끝없이 다른 존재를 구분하고 차별하는 것일까? 그 해답은 워런(Karen J. Warren)의 '억압적 틀' 개념으로 이해할 수 있을 거야.

워런이 말하는 억압적 틀 개념의 세 가지 특성은 다음과 같아. 첫 번째, 가치 위계적 사고로서 상위의 가치와 하위의 가치가 있어. 두 번째,

가치 이원론으로 서로 반대되는 배타적인 두 가치 쌍들이 있지. 정신-육체, 이성-감정, 귀족-천민, 남성-여성이 그런 예들인데, 이런 가치 이원론은 가치 위계적 사고와 맞물려서 앞의 것들이 뒤의 것들보다 상위의 가치를 갖는다고 생각해. 세 번째, 앞의 것이 뒤의 것을 지배하는 것은 정당하다는 논리야. 이러한 가치 위계적 사고와 가치 이원론이 결합된 사고는 지배를 정당화하는 이데올로기란다. 워런은 모든 억압 체계에는 이런 지배 논리가 개념적으로 유지되어 있다고 했어.[96] 즉 인간 사회에서 인종, 성, 계급과 같은 차이를 이유로 차별하고 지배하고 착취하는 행위를 정당화하는 데 억압적 틀 개념이 지배의 이데올로기로 이용된 거지.

인류사에서 지배와 착취는 인간 사회에서 오늘날까지 지속적으로 이루어져왔고 지금도 이루어지고 있어. 지배자와 착취자들은(왕족, 그리스 시민, 백인, 남성, 침략국, 자본 등) 그들의 착취 행위를 정당화할 논거가 필요했지. 같은 인간을 구분짓고 착취하는 행위를 정당화하기 위한 수단으로 동원된 것이 워런이 제시하고 있는 정신-육체, 이성-감정, 남성-여성과 같은 가치 쌍들이야. 여기서 '정신-육체' 나 '이성-감정' 과 같은 가치 쌍들은 인간을 지배자와 피지배자로 구분하기 위해 제시되고 강화된 가치 쌍이야. 지배자는 피지배자를 비이성적 존재이며 동물과 같은 존재로 간주하며 지배를 합리화했단다. 사람들이 동물을 포함한 인간 이외의 생명을 이성을 기준으로 내세우며 차별하는 행위도 자연에 대한 착취를 정당화하기 위한 억압적 틀 개념으로 이해될 수 있어.

사람들은 뿌리 깊은 인간 중심적 사고 속에 동물을 인간과는 전혀 다른 방식으로 대하고 있어. 집 잃은 아이는 어떻게든 부모를 찾아주고 그

것이 여의치 않으면 보육 시설에서 돌보지만, 유기 동물은 10일이 지나면 안락사시킨단다. 또 사람이 코로나 바이러스에 감염되면 어떻게든 치료하려고 노력하지만, 가축이 전염병에 걸리면 단지 인근에 살았다는 이유만으로 수백만에서 수천만의 건강한 가축을 살처분해 버려. 이렇게 동물을 대하는 방식이 인간을 대하는 방식과 상반되지만 많은 사람들은 그것에 대해 전혀 도덕적 딜레마를 느끼지 않아. 그것은 인간과 동물은 근본적으로 다르다는 위계적 사고에 힘입은 바가 크다고 볼 수 있지. 사람들은 위계적 사고의 틀 속에서 동물에 대한 인간의 지배를 정당화하여 가혹한 폭력을 합리화하고 있는 거야.

3
인간 중심주의에 대한 반론

아빠, 흔히들 인간은 이성이 있어서 동물과 구분된다고 하잖아요. 이성이 있는데 어떻게 고통받는 동물을 보면서도 도덕적 딜레마를 느끼지 못할까요? 인간이 동물을 도덕적으로 고려한다는 것은 불가능할까요?

대부분의 철학자들이 동물과 인간 사이에 분명한 경계선을 세우고 차별하려고 했던 것에 비해 최초의 공리주의 철학자인 제레미 벤담(Jeremy Bentham)은 동물을 도덕적 고려의 대상에서 배제하지 않았어. 벤담은 우리가 동물을 도덕적 고려의 대상에 포함시킬지 여부를 결정하는 데 중요한 요소는 이성도 아니고 말할 수 있는 능력도 아니며 '고통을 느낄 수 있는가' 라고 말했단다.

벤담의 생각을 시작으로 하여 기존의 동물을 대하는 태도와는 다른 주장을 펴는 철학자들이 나타나기 시작했어. 본격적으로 동물을 인간의 도덕적 행위의 대상으로 확대한 대표적인 철학자는 피터 싱어와 톰 리건이야. 싱어는 "한 존재가 고통을 느낀다면 그와 같은 고통을 고려의 대상으로 삼길 거부하는 자세를 옹호할 수 있는 도덕적인 논증은 있을 수 없다"며 "한 존재의 본성이 어떠하든, 평등의 원리는 그 존재의 고통을 다른 존재의 동일한 고통과 동일하게 취급할 것을 요구"하며 "지능이나 합리성 등과 같은 다른 특징으로 경계를 나눈다는 것은 임의적"이라고 주장했어.[97] 한 존재가 고통을 느낀다면 그와 같은 대상을 고려의 대상에서 제외하는 자세를 옹호할 수 있는 도덕적 논증은 있을 수 없다는 거지. 또 유색 인종이나 여성, 아동, 소수 민족 등 사회적 약자들이 권리를 주장하고 속박에서 해방되기를 바라는 것은 그들이 인간이기 때문이고, 속박에서 살고 있는 동물은 인간과 종이 다르기 때문에 이용당하는 것이 당연하다고 주장하는 사람들이 많아. 싱어는 이렇게 종이 다르다는 이유로 동물을 착취하는 것에 찬성하는 이들을 '종차별주의(speciesism)'[98]라고 부르며 비판했어.

고전적인 공리주의는 인간 행위의 윤리적 기초를 개인의 이익과 쾌락에 두고, 이익을 얻는 것을 개인의 행복이라고 여겼어. 그에 따라 공리주의의 도덕은 최대 다수의 최대 행복을 목적으로 해. 이러한 기준에서는 쾌락과 불쾌가 도덕적 단위가 되며, 좋은 결과는 쾌락의 합을 최대화하고 불쾌의 합을 최소화하는 것이야. 싱어는 이러한 고전적인 공리주의적 시각에서 조금 더 나아가 가장 좋은 결과는 "관련된 모두의 이익(즉, 욕구나 선호)을 증진시키는" 것이라고 주장했어. 그런 의미에서 싱어는 자신의 입장을 고전적 공리주의와 구분하여 "선호 공리주의(preference utilitarianism)"라고 했어.[99] 싱어는 평등의 기본적인 원칙, 즉 이익들에 대한 평등한 고려를 요구하는 이익 평등 고려의 원칙(the principle of equal consideration of interests)을 제시했어.[100] 이 원칙의 본질은 우리가 도덕적 사고를 함에 있어서 우리의 행위에 의해 영향을 받는 모든 존재들의 이익을 동등한 비중으로 다룬다는 거야. 싱어는 동물 또한 우리의 행위로 영향을 받기 때문에 동등하게 대해야 한다고 주장한단다.

싱어에 비해 리건은 동물은 '삶의 주체'로서 고유의 가치를 갖는 존재이기 때문에 인간의 이익이나 욕구, 사용 가치 등으로 평가해서는 안 된다고 주장해. 리건은 삶의 주체에게는 기본권(basic rights)이 있으며, 어떤 개체가 권리를 갖는다는 것은 그것이 도덕적 행위자들에 대하여 무엇인가를 정당하게 요구할 수 있는 위치에 있다는 것을 의미한다고 주장한단다.[101] 리건은 개체의 권리를 침해할 수밖에 없고 영향을 받는 개체들이 비교 가능하다면, 다수의 권리를 침해하는 쪽보다는 소수의 권리를 침해하는 쪽을 선택해야 한다는 '최소 침해의 원리(the minimize overriding principle)'와[102] 소수가 침해받는 경우라도 그들이 악화되는 정도가 크다면 소수가 받는 심각한 해악을 피하기 위하여 다수의 권리를 억제해야 한다는 '악화의 원칙(the worse-off principle)'을 제시했어.[103] 리건의 견해에 따르면 육식은 고기를 먹는 사람에게는 약간의 이익이지만 죽임을 당하는 동물에게는 심각한 해악이기 때문에 육식은 금해야 하는 거야. 리건은 "우리는 삶의 주체들을 수단으로 여겨서는 안 될 뿐 아니라, 더 나아가 만약 그러한 개체가 다른 사람들에 의해 부당한 대우를 받고 있다면, 우리는 그러한 부당한 대우로부터 그 삶의 주체를 해방시킬 의무가 있다"[104]고 주장했어.

이러한 주장들을 바탕으로 싱어의 주장은 '동물 복지론'으로, 리건의 주장은 '동물 권리론'으로 평가받는단다. 동물 복지론과 동물 권리론은 규범 윤리학의 전통적인 두 흐름인 결과론(공리주의)과 의무론(칸트 윤리설)에 바탕을 두고 있어. 싱어는 인간이 목적을 위하여 동물을 계속 이용할 수는 있으나 고통받는 방식으로 동물을 대해서는 안 되고, 현재 동물에게 부여하고 있는 것보다 훨씬 더 많은 복지를 주어야 한다고 주장해. 그래서 고통받는 환경에서 가축을 사육하면 안 되고 동물 복지가 이루어지는 환경에서 사육해야 한다는 거지. 그에 비해 리건은 동물은 침해받지 않을 권리를 소유하고 있기 때문에 인간의 관행적인 동물 이용은 단순히 규제만 할 것이 아니라 폐지해야 한다고 주장한단다.[105]

4

동물 중심주의의 한계

아빠, 견고한 인간 중심주의 속에서 다양한 의견들이 등장한다는 것만으로도 큰 발전이라고 생각돼요. 모든 생명이라는 관점에서 더 생각해 봐야 할 대상은 없을까요?

몇몇 철학자들이 동물을 도덕적 고려의 대상으로 포함시키기는 했지만, 오늘날 인류가 유발한 생태계 위기 앞에서 자연의 생명을 대하는 바람직한 태도로 받아들이기에는 여전히 몇몇 문제점들이 있단다.

현재 동물을 도덕적 고려의 대상으로 포함시키는 철학자들은 고통을 주요 지표로 거론하고 있어. 싱어는 고통을 느끼고 즐거움을 경험하는 능력을 유정성(有情性, sentience)이라고 언급하며, 유정성이 있는 존재는 적어도 최소한의 이해 관계, 즉 고통을 받지 않을 이해 관계를 갖기 때문에 도덕적 지위를 갖는다고 주장해.[106] 따라서 무척추동물이나 나무는 자신에게 일어나는 일에 대해 신경 쓰거나 고통을 받지 않기 때문에 그들의 복지를 고려할 필요가 없다고 했어.[107] 한편 리건은 삶의 주체라는 기준을 '1년 혹은 그 이상 된 정신적으로 정상적인 포유동물들'에게만 적용했단다.[108]

동물이 고통을 받는지 여부가 중요한 요소로 인식되면서 동물이 고통을 느끼는지, 그리고 느낀다면 어느 정도까지 느끼는지에 대한 많은 연구들이 이어졌어. 그러한 연구들을 바탕으로 심리학 교수인 버몬드(Bob Bermond)는 고통을 느끼기 위해서는 잘 발달된 전두엽 피질과 신피질 우반구가 필요한데, 전두엽 피질은 계통 발생학적으로 최근에 발생된 구조이기 때문에 고통은 인간 이외에 유인원이나 돌고래 정도만 느낄 수 있다고 주장했어.[109] 이런 주장들 속에서 우리는 오늘날 생명에 대한 기본적인 이해가 왜곡되어져 있다는 것을 알 수 있단다. 그것은 뿌리 깊은 인간 중심적 시각으로부터 벗어나지 못한 한계이기도 해.

동물 중심적인 사고로 인해 생명에 대한 이해가 왜곡되고 있는 단면은 식물에 대한 평가에서 확연히 드러나. 많은 철학자들은 인간이나 동물을 기준으로 한 생명에 대한 이해가 너무나 굳건한 나머지 식물을 도덕적 고려 대상에서 완전히 배제하는 오류를 보이고 있어. 싱어에게 식물은 무의식적 존재이며, 식물을 훼손하는 것은 간접적으로 인간이나 동물에게 나쁜 영향을 끼칠 수 있으므로 식물에게 간접적으로 도덕적 의무를 진다고 해. 리건 또한 식물은 감응력이 없기에 도덕적인 고려가 필요 없다고 했단다.

생물이 고통을 느끼는지, 또는 느낀다면 어느 정도 느끼는지 여부에 따라 생물을 구분하는 태도는 근본적으로 생명에 대한 이해가 왜곡되어

졌음을 보여주는 부분이야. 태초의 생명으로 세균이 탄생하는 순간부터 생명체는 끊임없이 외부 환경에 영향을 받으며 적응하여 진화해왔어. 그 외부 환경을 수용하는 방식이 감각기이며, 그 방식은 각 생물마다 달라. 버몬드는 전두엽 피질이 있어야 생물이 고통을 느낄 수 있다고 하지만, 각 생명체는 뇌가 없어도 나름의 방식으로 외부를 인식하고 반응을 보여. 카프라는 "인지에는 생명의 전 과정이 포함된다. 지각, 감정, 행동 등 모든 것이 포함된다. 따라서 인지에 반드시 뇌와 신경계가 필요한 것은 아니다"[110]라고 했단다. 외부의 인지가 반드시 고등 포유류나 인간과 같은 방식일 필요는 없다는 거지. 마이어도 "가장 원시적인 원생생물조차 서식지에서 만나는 위험과 기회들을 감지하고 이에 대처하는 방책을 가지고 있다"[111]고 말했어.

인간의 방식은 수많은 생명의 다양성 중 하나일 뿐이며, 인간과 같지 않다고 하여 그들이 외부의 자극을 느끼지 못하는 것은 아니야. 따라서 고통을 느끼는지 여부가 다른 생명을 대하는 필요 충분한 기준이 될 수는 없어. 이 부분은 인간에 있어서도 고통을 느끼는지 여부가 다른 사람을 대하는 기준이 될 수 없는 것과 같아. 사람들 중에는 사고로 인하여 신경계를 손상받아 고통을 느끼지 못하는 상태에 처한 경우도 있어. 그가 고통을 느끼지 못한다고 하여 그를 도덕적 고려의 대상에서 배제해야 한다는 말은 받아들일 수 없거든. 그와 마찬가지로 모든 생명을 대함에 있어서 그 생물이 고통을 느끼는지 혹은 어느 정도 느끼는지 여부에 따라 그 생물을 도덕적 고려의 대상으로 삼거나 배제하는 것은 바람직한 방식이 아니야. 우리는 다른 생물이 고통을 느끼는 것을 인지한다면 그런 상황을 피해주어야 해. 하지만 다른 생물이 고통을 느끼는지 여부를 알 수 없다고 하여 그 생물을 도덕적 고려의 대상에서 배제해서는 안 된다는 거지. 우리가 식물이 고통을 느끼는지 인지할 수 없다고 하여 불필요하게 마구 다루어서는 안 된다는 말이야. 다른 생물의 고통을 고려하는 것은 필요하지만, 그것만을 다른 생물을 대하는 기준으로 삼는 것은 충분하지 않아. 모든 생명은 나름의 방식으로 외부를 인지하고 있기 때문이야.

우리는 식물에 대한 인식의 변화를 가져와야 해. 사람들은 식물은 뇌가 없고 움직이지 못하기 때문에 동물보다 한참 진화가 덜 된 생물로 간주하곤 해. 말레이시아에는 해발 2700m의 물루산(Mt. Mulu)이 있어. 이 산은 석회암으로 이루어져 있어 식물이 자라기에 영양이 풍부하지 않아. 그곳에 네펜데스 로위(Nepenthes lowii)라는 식물이 있어. 네펜데스 로위는 열악한 환경에서 영양분을 얻기 위해 독특한 방식으로 진화했단다. 네펜데스 로위는 서양 변기와 같은 모양을 하고 있으며 뚜껑에는 나무두더지가 좋아하는 하얀 가루가 묻어 있단다. 그 하얀 가루는 나무두더지가 좋아하는 맛뿐만 아니라 배변을 촉진하는 성분도 포함되어 있어. 그래서 나무두더지는 로위의 주머니에 올라앉아 하얀 가루를 핥아 먹는데 그동안 똥을 누게 되어 네펜데스 로위는 나무두더지의 똥으로부터 필요한 영양분을 얻게 된단다.

네펜데스 로위는 나무두더지가 무엇을 좋아하는지 알고 편하게 먹을 수 있도록 독특한 형태로 진화되었으며, 나무두더지를 통해 자기가 원하는 영양분을 얻는 능력을 갖추었어. 이런 독특한 능력은 네펜데스 로위뿐만 아니라 대부분의 식물들도 갖추고 있단다. 식물들은 벌이나 나비가 좋아하는 색과 향기, 그리고 꿀을 만들어 곤충을 유인하여 곤충에게 도움을 주고 또 자기의 생식 활동도 도움을 받을 수 있는 능력을 갖추고 있어. 그런 측면에서 곤충과 동물의 필요를 인식하고 그것을 충족시켜주면서 또 자신의 목적을 달성하는 능력을 갖춘 식물이 인간이나 동물보다 못할 것이 무엇일까?

식물은 동물과 다른 방식으로 진화해왔고 나름의 방식으로 살아가는 생물이야. 다른 방식으로 살아간다고 해서 기본적인 생명 활동을 하지 않는 것은 아니야. 동물은 먹이를 찾거나 포식자를 피해서 이동할 수 있지. 하지만 식물은 이동할 수 없기 때문에 다른 방식으로 대응해. 동물은 면역력을 유지하기 위해 혈액 내의 면역 세포를 이용하고, 신체 기관의 원활한 작용을 위해 호르몬을 이용하며, 짝을 유인하기 위하여 페로몬을 분비하고, 적을 피해 이동하지. 식물은 그러한 방식이 아니라 에센셜 오일(essential oil)을 이용하여 수분 매개를 위해 곤충을 유인하고, 다른 식물들과의 경계를 만들며, 곤충과 동물에 대한 방어막을 형성하고, 미생물의 증식을 억제하며, 상처를 치유한단다.[112] 또 생텍쥐페리의 《어린 왕자》의 작은 별에서 자라고 있는 장미는 자신을 보호하기 위해 애써서 몇 개의 작은 가시를 만들었지.

테일러는 식물과 단세포 원생동물처럼 "비교적 좁은 범위의 능력을 가진 생명체는 우호적인 환경 조건에서 그 능력을 구현함으로써 최적 수준으로 고유의 선을 실현할 수 있다. 그들은 그들 종의 생명체에게 좋은 삶을 살아가는 데 어떤 능력도 추가로 필요하지 않다"[113]고 했어. 사람들은 식물이 의식이 없다거나 또는 고통을 느끼지 못한다며 하등 생물 취급을 하지만, 테일러는 식물 또한 자기 고유의 선을 실현하기 위해 광합성과 같은 능력을 갖추고 있는데 왜 더 이상의 추가적인 능력이 필

네펜데스 로위.

요하냐고 반문한단다.

옥수수를 대상으로 오랜 시간 연구 끝에 '튀는 유전자(jumping genes)'를 발견하여 노벨상을 수상한 바버라 매클린톡(Barbara McClintock)은 옥수수 밭에 나가면 옥수수 하나하나를 구별할 수 있었고, 그날의 옥수수의 기분을 느낄 수 있다고 했어. 식물의 느낌을 어떻게 알 수 있느냐는 질문에 대해 그는 충분히 시간을 갖고 열심히 들여다보면서 "대상이 하는 말을 귀 기울여 들을 줄 알아야 한다"고 강조했단다. "나에게 와서 스스로 얘기하도록" 마음을 열고 들으라는 거야. 무엇보다 중요한 것은 '생명에 대한 느낌'을 계발하는 일이며, '생명이 어떻게 자라는지를' 깨우쳐야 하고, '생명의 각 부분을 빠짐없이' 헤아릴 줄 알아야 한다는 거야.[114]

과거의 철학자들은 동물은 고통을 느끼지 못하며 인간을 위한 수단일 뿐이라고 했어. 오늘날 많은 철학자들은 식물이 고통을 느끼지 못한다고 해. 과거의 철학자들이 동물의 고통을 공감하지 못했듯이 오늘날 우리는 식물이라는 생물을 잘 모른단다. 비트겐슈타인(L. Wittgenstein)은 "말할 수 없는 것에 관해서는 침묵해야 한다"[115]고 말했어. 이러한 비트겐슈타인의 '침묵하라'는 표현에 대해 박찬구 교수는 "참으로 중요한 문제 영역을 지키기 위한 하나의 역설적 표현으로서, 그러한 영역을 다루기에 적절하지 않은 잘못된 접근법을 사용하지 말라는 경고라고 해석할 필요가 있다"[116]고 말한 바 있단다. 우리는 식물에 대해 더 나아가 세균이나 바이러스에 대해 잘 몰라. 하지만 확실한 사실은 그들 생명체들 또한 35억 년의 기나긴 생명의 역사를 거쳐 진화해 왔으며 이 생명체들이 형성하고 있는 생태계 '덕분에' 우리가 생존할 수 있다는 거야. 그렇

네펜데스 로위의 가루를 핥아먹고 있는 나무두더지. 사진 출처: EBS

다면 이러한 사실을 바탕으로 우리가 그들 생명을 어떻게 대하는 것이 바람직한 태도인가 고민할 필요가 있는 거지.

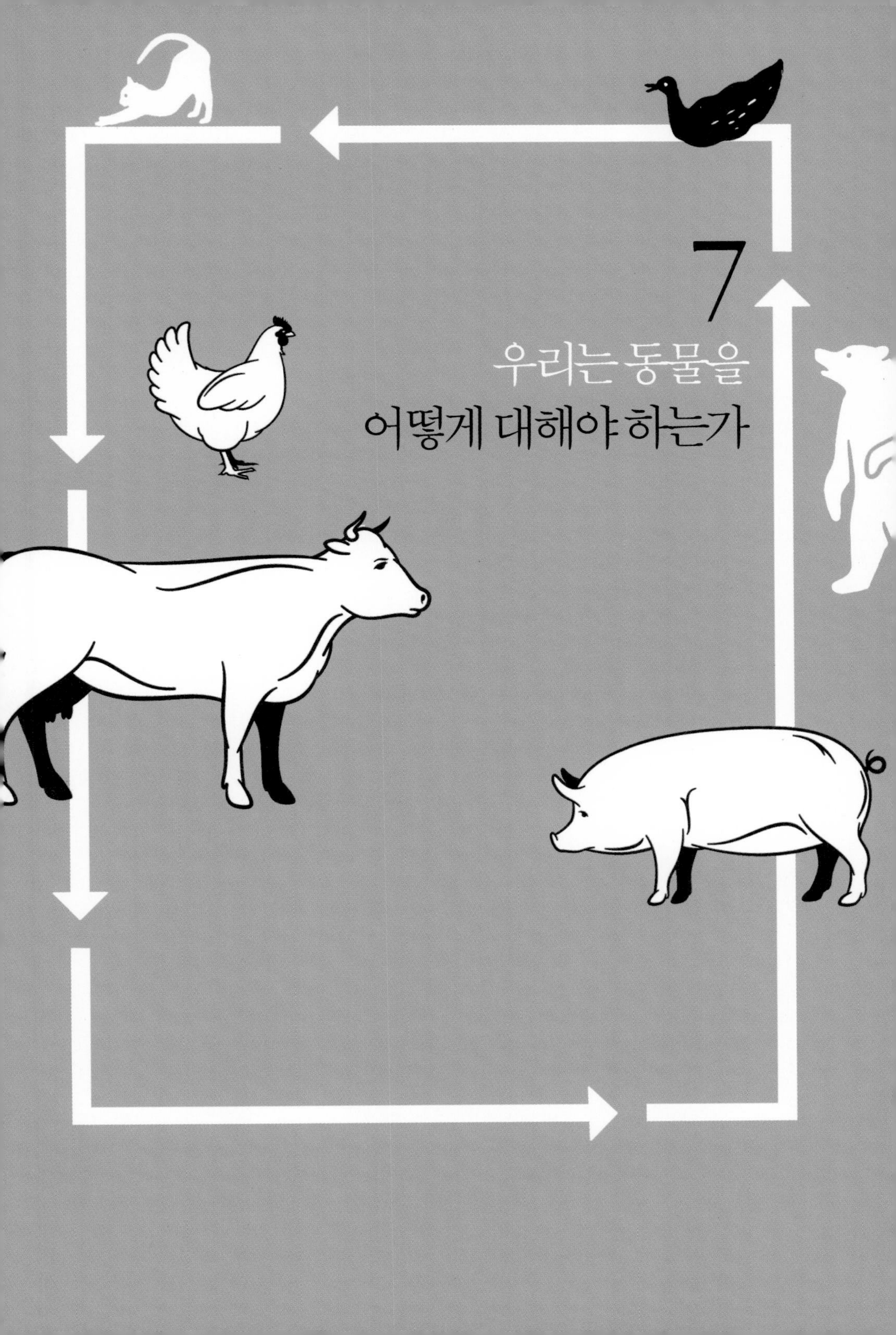

7

우리는 동물을 어떻게 대해야 하는가

1
진화론 다시 보기

아빠, 여러 가지 면에서 우리는 다른 생물을 인간의 시각과 이익을 기준으로 본 것 같아요. 그럼 이런 시각에서 벗어나기 위해 무엇이 필요할까요?

리수야, 인간 중심적 사고는 인간과 동물의 차별을 합리화하고 폭력적인 대우를 정당화해. 하지만 오랜 세월을 두고 자연스레 뿌리내린 탓에 우리는 별다른 의심조차 품지 않고 자연스레 받아들여 왔단다. 오늘날 인간 중심주의로 인한 모순이 누적되어 가시화되고 있어. 과연 생명이란 원래 어떤 존재이고 어떻게 받아들이고 관계 맺어야 하는 것일까.

생명을 깊이 이해하기 위해 다윈의 진화론을 다시 살펴 볼 필요가 있어. 찰스 다윈(Charles Darwin)의 진화론은 생명이 오랜 세월을 두고 끊임없이 변화되어왔음을 밝힘으로써 생명에 대한 이해를 넓히는 데 큰 역할을 했어. 하지만 이런 큰 공헌 못지않게 생명의 관계를 온전히 이해하는 데에 부정적인 영향을 끼친 면도 적지 않아.

생명의 온전한 이해에 다윈의 진화론이 부정적 영향을 끼친 것은 세 가지 정도야. 먼저 진화론은 사람들로 하여금 생명이 더 나은 상태로 발전한다는 생각을 갖도록 했어. 물론 이것은 다윈이 원한 결과는 아니었단다. 다윈은 '진화(evolution)' 라는 용어를 사용하는 경우 사람들이 진화를 '완전한 상태로 발달해가는 과정' 으로 오해할까봐 진화라는 용어를 사용하지 않으려고 했고 '변이를 수반한 유전' 이라고 표현했지. 이 '변이를 수반한 유전' 이라는 표현이 생명의 진화를 표현하기에 가장 적절한 용어였어. 하지만 당시 식민지 개발에 열중했던 영국의 지식인층은 자신들이 식민지보다 더 진화한 민족으로 우월한 존재이고, 그런 이론을 바탕으로 식민 지배를 합리화하기 위하여 진화라는 용어를 선호하였단다. 이것이 대세가 되자 결국 다윈도 진화론이라는 용어를 받아들이게 되었지. 이러한 용어의 사용은 결국 다윈이 염려한 대로 사람들로 하여금 생물이 점점 더 나은 상태로 발달한다는 생각을 갖도록 했어. 이는 세균보다 동식물이, 또 동물보다 인간이 더 진화한 고등 생물이라고 생각하게 만들었단다.

생물은 사람들이 생각하는 것처럼 어떤 하나의 목표를 향하여 경주하듯이 진화를 하고 그 결과에 따라 하등 생물과 고등 생물로 구분할 수 있는 그런 존재들이 아니야. 태초의 생물로 지구에 나타난 세균은 35억 년 동안 다양한 형태로 번성하고 유지되고 있으며 원생생물, 유색조식물, 식물, 균류, 동물 등 헤아릴 수 없이 다양한 생물로 진화되었을 뿐이야. 하등 생물이나 고등 생물이라는 개념은 사람들이 어떤 기준을 임의로 세우고 구분한 것일 뿐, 생물들이 그 기준을 두고 경쟁을 하듯이 진화해

온 것은 아니야. 그저 자신의 환경에 적응하며 다양한 방식으로 변화해 왔을 뿐이란다. 동물이 식물보다 더 진화한 생물이라고 말할 수 없으며 동물은 동물의 형태로 식물은 식물의 형태로 각각 진화해 온 것일 뿐이란다.

진화론에 내재된 나머지 두 개의 문제는 경쟁주의와 적응주의야. 다윈의 진화론에서 핵심적인 용어는 경쟁을 통한 '자연 선택' 이야. 다윈은 "자연 선택은 개체 간의 경쟁을 통해 작용하므로 자연 선택은 생물이 동료들보다 완벽함을 갖추었을 때에만 그들을 선택한다"[117]고 주장했어. 이러한 자연 선택의 문제점은 두 가지를 꼽을 수 있는데, 각 생물은 상호 경쟁 관계를 맺으며 경쟁에서 이긴 완벽하고 강한 개체만이 생존한다는 경쟁주의와 주어진 환경에 적응한 개체만이 살아남는다는 환경에 대한 적응주의야.

먼저 경쟁주의를 살펴보면 다윈은 그의 저서 《종의 기원》에서 수차례에 걸쳐 진화에 있어서 개체 간의 경쟁을 강조했어. 하지만 생명은 때로 경쟁을 하기도 하지만 더 다양한 방식으로 공생한단다. 러시아의 케슬러 교수는 더 많은 개체들이 함께 모이면 서로 더 많이 도울 수 있고, 그 종들이 살아남을 기회를 더 많이 갖게 된다고 반박했어.[118] 예를 들어 눈보라가 몰아치는 시베리아 벌판과 같이 혹독한 자연 환경에서 종의 유지와 멸종은 개체가 아닌 종 무리의 문제야. 혹독한 추위 속에서 살아남는 것은 개체 간의 경쟁에 의해서가 아니라 무리가 공동체로서 얼마나 서로 협동하느냐에 따라 결정되기 때문이지. 매서운 눈보라 속에서 사슴들이 살아남는 방법은 서로 모여서 눈보라를 막아주는 거지 혼자 잘났다고 돌아다니면 얼어 죽는 수밖에 없지.

협동은 동종 간에는 말할 것도 없고 이종 간에도 이루어진단다. 캘리포니아 대학 생물학 교수인 크리스토퍼 윌스(Christopher Wills)는 "생물의 생존 능력은 협동을 통해 더 향상될 수 있다. 흔히 자연계에서는 두 종이 상호 이익을 위해서 친밀하게 함께 살아가는 것을 볼 수 있는데, 그것들은 이를 통해 따로따로 생존하는 것보다 더 효과적인 경쟁자가 된다"[119]고 했어. 더 나아가 마굴리스는 공생이 단순히 개체간의 협력을 넘어서 진화의 원동력이라고 주장해. 태초의 생명인 세균은 다양한 원생생물들과 공생하며 다양한 종으로 진화되었고, 또 자연계의 많은 생명체들은 공생 관계를 이룸으로써 낯선 환경에 적응하는 데 서로 도움을 받아. 자연의 생명체는 혹독한 환경에서 경쟁을 통해 각자도생하는 것보다 서로 협력하는 것이 상호 간에 이익을 주기 때문에 다양한 방식으로 협력했어. 생명의 목표는 경쟁에서 승리하는 것이 아니라 살아남고 번성하는 것이기 때문이야. 그럼에도 불구하고 다윈이 유기체들의 관계를 경쟁적으로 생각한 것에 대해 카프라는 "자연을 독립되고 분리된 두 세계로 구분하는 데카르트의 자연관을 바탕으로 한 서양의 이분법적인 시각의 영향을 받은 결과"[120]라고 평가했어.

마지막으로 진화론의 적응주의를 살펴보면 다윈은 유기체가 환경에 적응하느냐 못하느냐 여부에 따라 생사가 갈린다고 주장한단다. 이에 대해 리처드 르윈틴(Richard Lewontin)은 "다윈의 적응주의적 견해에 따르면, 생물은 환경에 따라 움직이므로 수동적인 대상이며 외부 세계가 능동적인 주체가 된다"[121]고 비판했어. 다윈의 진화론에 따르면 생물은 외부 세계인 환경으로부터 소외되고 외부 세계는 생물과 무관한 독자적인 법칙을 가지게 되어 생물에 의해 변화될 수 없는 거야. 하지만 생물은

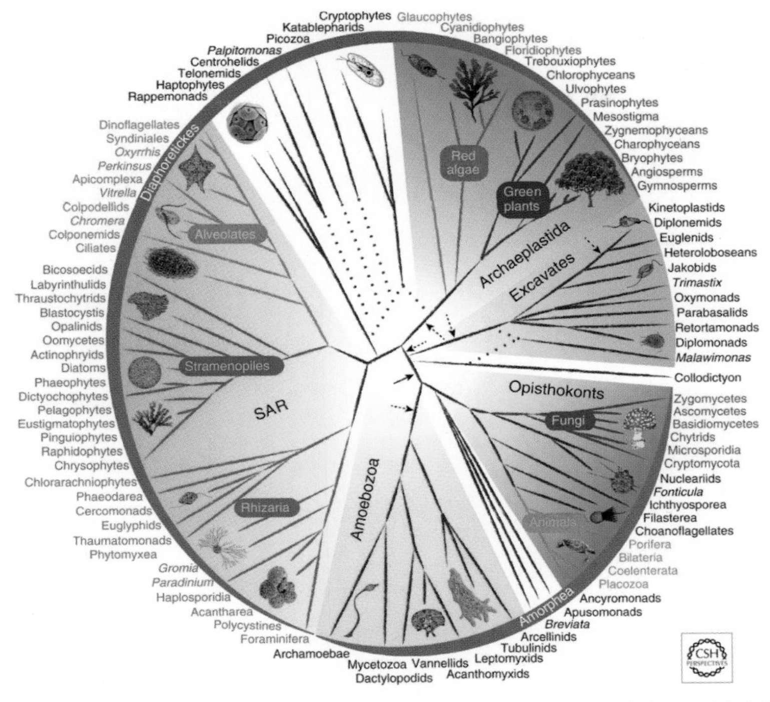

생명의 나무. 생명은 경쟁을 하듯 한 방향이 아니라 각자의 환경에서 다양한 방향으로 진화되어져 오늘날 무수히 다양한 생명이 되었다. 그림 F Burki(2014), CSH Perspect Biol.

살아있으면서 끊임없이 환경을 변화시킨단다. 우리가 숨을 쉬는 단순한 행위조차도 대기의 산소를 소모시키고 이산화탄소를 증가시켜. 뿐만 아니라 생물의 생물학적 환경은 다른 생물들과의 관계에 의해서 형성돼. 카프라는 다윈의 적응주의에 대하여 "생물계 전체에 걸쳐 진행되는 진화는 생물의 환경에 대한 적응으로만 국한될 수 없다. 그 이유는 환경 자체가 적응과 창조성이 가능한 살아 있는 시스템들의 연결망에 의해 형성된 것이기 때문이다. 그들은 서로가 서로에 대해 적응해 공진화한 것"[122]이라고 반박했어. 르원틴은 "환경은 그 세계의 조각과 부분들의 관계가 조직된 집합으로 이루어지기 때문에, 우리는 생명에 대한 적응주의적(adaptationist) 관점을 구성주의적(constructioinist) 관점으로 대체시켜야 한다"[123]고 말했어.

2
생명과 환경의 관계

아빠, 다윈의 진화론에 너무 익숙했나 봐요. 살아 남기 위해 경쟁이 아닌 협동한다는 것이 당연하다 생각되면서도 신선하게 여겨져요. 구체적인 예들로 무엇이 있을까요?

다윈의 환경에 적응한 생물만이 살아남는다는 적응주의적 시각에서 벗어나 생명과 환경의 관계를 온전히 이해하기 위해서는 태초의 생명인 세균과 주변 환경의 관계를 살펴 보는 것이 도움이 된단다. 초기의 세균은 강렬한 태양의 자외선을 피해 물밑이나 진흙탕 속에서 번식했어. 이들 세균들은 주변 물질들을 소모하며 증식했지. 최초로 광합성을 할 수 있었던 세균은 주변의 수소와 황화수소를 이용하여 광합성을 했어. 하지만 수억 년의 시간이 흐르면서 주변의 수소가 고갈되자 세균은 수소 공급원을 찾아 물을 이용하게 되었어. 주변에 물은 넘쳐났기에 노다지를 발견한 거지. 물분자는 수소 원자 두 개와 산소 원자 하나로 되어 있는데 세균이 수소 원자만 이용하면서 산소 원자가 유리되어 대기 중에 산소 농도가 높아졌어. 이 산소는 산화력이 강하기 때문에 세균의 생존에 필요한 효소, 단백질, 핵산, 비타민 등을 산화시켜 많은 세균은 산화되어 버렸어. 세균이 스스로 제 명을 재촉한 거지. 하지만 그 와중에 산소를 이용할 수 있는 세균이 나타나 활동성이 강한 생물로 진화할 수 있는 기반이 되었지.[124] 또 대기 중으로 올라간 산소 원자는 오존층을 형성하면서 태양의 강력한 자외선을 차단하여 생명체가 물이나 진흙 속에서 벗어나 육지에서 번성할 수 있는 환경이 만들어졌어. 이처럼 생물이 주위 요소들과 상호 의존적인 관계를 맺으며 스스로 자기 삶을 구성해 나가는 것을 구성주의라고 하는데, 이러한 구성주의적 관점에서 생물과 환경의 관계를 좀 더 깊이 이해하는 데 도움이 되는 것이 마뚜라나와 바렐라의 구조접속 이론이야. 생물은 자기 자신을 지속적으로 생성한다는 점에서 무생물과 구분돼. 마뚜라나와 바렐라는 생물의 이런 특징을 두고 생물을 자기 생성 조직(autopoietische Organisation)이라고 명명했어.[125] 자기 생성 조직인 생물은 환경 속에서 끊임없이 서로 영향을 주고받는 재귀적(rekursiv) 상호 작용을 맺어. 재귀적 상호 작용은 끊임없이 개체와 환경의 구조 변화를 유발하는데, 마뚜라나와 바렐라는 이것을 구조접속(strukturelle Kopplung)이라고 했어.[126]

구조접속이란 언제나 상대적인 것이어서 유기체와 환경 모두가 변화를 겪는단다. 한 생명이 한 곳(적소)에서 정착하면 시간이 흐름에 따라 그곳의 환경을 변화시키지. 그런 환경의 변화에 따라 생명은 끊임없이 다양한 방식으로 적응하며 생존을 이어간단다. 코레트와 란트만은 본능

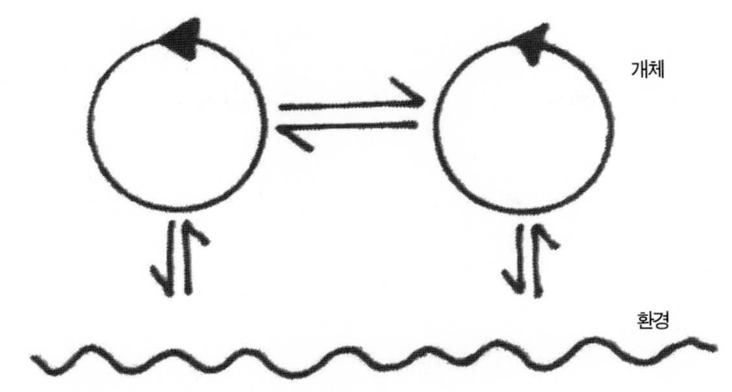

구조접속. 출처 : 마뚜라나 · 바렐라, 2007.

에 얽매이지 않고 변화하는 환경에 맞춰 끊임없이 새로운 세계를 형성해나가는 것이 인간만의 특성이라고 했지만, 변화하는 환경에 맞춰 적응해나가는 것은 인간만의 특성이 아닌 모든 생명의 특성이야.

생명에게 있어 환경은 단지 온도나 습도와 같은 물리적 환경만 있는 것은 아니야. 생명에게 중요한 환경 중에 하나가 생물학적 환경이지. 사람들은 약육강식과 같이 생물의 관계를 경쟁적인 측면만 바라보는데 그것은 생물이 주변 환경과 맺고 있는 매우 다양한 방식의 관계 중 극히 일부분일 뿐이야.

반추 동물은 풀과 곡물 부산물 등을 먹는데, 이렇게 먹은 풀들의 섬유소를 소화시킬 수 있는 것은 반추 동물의 위에 존재하는 다양한 반추위 미생물 생태계에 의한 것이지. 반추위에서는 섬모 원생동물, 혐기성 진균 및 박테리오파지 등 수많은 미생물 그룹이 섬유소를 동물이 이용할 수 있는 에너지원으로 전환해줘.[127] 균류와 조류는 공생으로 지의류를 형성하여 산의 암벽과 같은 메마른 환경에서 살아갈 수 있단다. 건강한

산호는 산호와 진핵 조류, 세균 및 고세균류가 하나가 되어 살아간다.

산호의 점액층, 골격 및 조직에는 진핵 조류, 세균 및 고세균류가 대량으로 존재해. 이러한 미생물은 광합성, 질소 고정, 영양소 공급 및 감염 예방을 비롯한 다양한 메커니즘으로 숙주인 산호에게 도움을 주지.[128]

식물의 뿌리와 곰팡이는 균근이라는 뿌리 뭉치를 이루어 함께 자라지. 곰팡이와 식물은 공생체를 이룬 덕분에 모래, 흙, 자갈 같은 황량한 메마른 땅에도 정착할 수 있어. 살아 있는 식물의 90%는 균근 공생자를 가지고 있으며, 모든 식물의 80% 이상은 이 곰팡이 협력자가 없어지면 죽고 말아.[129]

카프라가 이야기했듯이 어떤 개별 유기체도 단독으로 존재할 수 없단다.[130] 생명은 태초부터 다양한 형태로 공생하고 공진화하여 오늘에 이르렀어. 마굴리스는 모든 생물의 세포가 경쟁이 아닌, 서로 다른 종류의 세균의 융합에서 유래되었다는 '연속 세포 내 공생 이론(Serial Endosymbiosis Theory, SET)'을 제시했어. SET는 역사와 능력이 각기 다른 세균들이 융합했다는 이론, 즉 하나됨의 이론이야.[131] 태초의 생명체인 세균은 시간이 지나면서 매우 다양한 형태로 변이하였고 서로를 잡아먹는 경우도 발생했지. 이런 포식 과정에서 먹힌 세균이 완전히 소화되지 않고 세균 내부에서 공생하는 관계를 형성하기도 하였단다. 그 대표적인 경우가 엽록체와 미토콘드리아야. 독립 생활을 하던 엽록체는 다른 세균에 잡아먹힌 후 포식 세균과 공진화하여 식물로 진화하였으며, 산소 호흡을 하는 미토콘드리아는 산소 호흡을 할 수 있는 생물로 진화할 수 있도록 공진화하였어. 모든 곰팡이, 식물, 동물은 세균 공생을 통해 진화한 각기 다른 원생생물에서 진화하였어. 이와 같이 장기간 지속적으로 공생 관계가 확립됨으로서 새로운 조직, 기관, 생물, 더 나아가

종이 생성되었는데, 이것을 진화 용어로 '공생 발생(symbiogenesis)' 이라고 해.[132]

자연계에서는 두 종 이상의 유기체가 상호 이익을 위해 친밀하게 협력하며 살아가는 것을 흔히 볼 수 있는데, 그런 관계를 통하여 그것들은 따로따로 생존하는 것보다 더 효과적인 경쟁자가 된단다. 이 관계를 '공생(symbiosis)' 이라고 해. 태초의 세균도 다른 세균과 공생하고 공진화하며 생물의 다양성을 확장시켰어. 낯선 공간으로 확장해 나갈 때 생물은 서로 협력하여 생명 공동체인 공생명(共生命. communal life)이 됨으로써 새로운 환경에 적응하는 데 서로 도움을 받아. 마굴리스는 이와 같이 세포 내외부에서 이루어진 다양한 형태의 공생이 지니는 힘은 "진화의 원동력이며, 개체성을 확고하고 안정되고 신성한 무엇으로 생각하는 통념을 뒤흔들어놓는다"[133]고 했어. 마굴리스는 "생명은 자기 완결적이고 자율적인 개체라기보다는 오히려 다른 생물과 물질과 에너지, 그리고 정보를 서로 교환하는 공동체다. 숨을 쉴 때마다 우리는, 비록 느리기는 하지만 역시 호흡하는 생물권의 나머지 생물들과 연결된다"[134]고 했단다. 유기체는 홀로 진화하고 홀로 존재하는 것이 아니라 미생물이 있는 환경에서 미생물들과 공생과 공진화를 거쳐 오늘에 이르렀어. 그리고 또 다른 유기체와 공생하며 살아가지.

3
인간 중심에서 생명 중심으로

아빠, 공생명이라는 단어를 접하니, 인간 중심주의에 갇혀 있던 한 사람으로서 좀 부끄럽다는 생각이 들어요. 오랜 세월 우리의 의식에 자리 잡았던 인간 중심주의에서 벗어나려면 보다 설득력 있는 사상이 있어야 하지 않을까요?

인간에 대한 우월적 시각을 바탕으로 다른 생물을 차별하는 인간 중심주의를 대체할 만한 사상으로 생명 중심 윤리가 있어. 생명 중심 윤리는 슈바이처(A. Schweitzer) 박사의 생명 외경 사상에서부터 시작되었단다.

슈바이처는 "나는 살려고 하는 생명에 둘러싸여 살려고 하는 생명"이라며, 언제나 자신을 생명 의지 한가운데 서 있는 생명 의지로 파악했지.[135] 이러한 슈바이처의 태도는 자신의 생명뿐만 아니라 주변의 무수한 생명들 또한 긍정하고 존중하는 태도야.

슈바이처는 자신의 긍정적인 생명 의지를 체험하는 것과 마찬가지로 다른 생명의 생명 의지를 인식하게 되면 생명에 대한 외경심을 갖지 않을 수 없으며, 그에 따라 그들 생명을 유지하고 촉진하고, 발전할 수 있는 그 최고의 가치에까지 끌어올리는 것이 선이며, 그에 반해 생명을 파괴하고 손상시키고 억압하는 것을 악이라고 규정했어.[136] 따라서 슈바이처는 꼭 필요한 경우가 아니라면 나뭇가지조차 꺾지 않으려고 노력했단다.

슈바이처의 이런 생명에 대한 태도를 철학적으로 완성시킨 것이 폴 테일러의 생명 중심 윤리야. 테일러는 모든 생명에게는 '본래적 가치'가 있음을 주장해. "본래적 가치가 있다면, 각 야생 동물 또는 야생 식물은 도덕 행위자가 지는 의무의 대상인 도덕 주체와 동일한 지위를 가진다고 이해된다. 어떤 종이든 상관없이 다른 종보다 우월한 종이 없으며, 모두 동등한 배려를 받을 자격이 있다"[137]고 했어.

테일러는 도덕 행위자와 도덕 주체를 다음과 같이 구분해. 도덕 행위자는 도덕적으로 혹은 비도덕적으로 행동할 수 있고, 의무와 책임을 가지며, 자신이 하는 일에 대해 책임을 질 능력이 있는 존재야.[138] 인간만이 행동을 선택하고 그 행동에 책임을 질 수 있기 때문에 인간만이 도덕 행위자야. 그리고 도덕 주체는 도덕 행위자에 의해 올바르게 또는 그릇되게 대우받을 수 있고, 도덕 행위자가 의무와 책임을 지는 대상인 존재로 정의돼. 모래나 돌과 같은 자연의 무생물은 인간에 의해 그릇되게 대우받을 수 없기 때문에 도덕 주체가 아니야. 그에 비해 자연의 모든 생명은 인간에 의해 그들의 선이 증진되거나 악화될 수 있기 때문에 도덕 주체가 돼. 그리고 도덕 행위자는 도덕 주체를 그릇되게 대하면 안 된다는 규범적 주장이 발생해. 이와 같이 자연의 모든 생명을 도덕 주체로 여기는 사상이 생명 중심 윤리야. 더 나아가 생명 중심 윤리는 생명을 독립된 존재로 생각하지 않으며 상호 의존적인 관계로 생각해. 생명 중심 윤리의 네 가지 핵심은 다음과 같아.

(i) 다른 생명체가 지구 생명 공동체의 일원인 것과 동일한 의미 및 동일한 조건으로 인간도 그 공동체의 일원이다.

(ii) 인간은 다른 모든 종들과 함께 상호 의존하는 시스템을 구성하는 요소이며, 각 생명체가 잘 살거나 잘못되는 기회뿐 아니라 그 생명체의 생존도 환경의 물리적 조건과 더불어 다른 생명체와의 관계에 의해 결정된다.

(iii) 모든 유기체는 각각 자신의 방식으로 고유의 선을 추구하는 유일한 개체라는 의미에서 목적론적 삶의 중심이다.

(iv) 인간은 다른 생명체보다 본질적으로 우월하지 않다.[139]

생명 중심 윤리는 이러한 규범적 주장을 받아들임으로써 동식물뿐만 아니라 모든 생명체에 대한 의무와 책임이 우리에게 있다고 해. 그런데 이런 의무와 책임은 인간 또한 다른 생명체에 의존하는 삶을 살아가기 때문에 종종 인간의 생존을 위해 다른 생물의 이익을 침해해야만 하는 딜레마가 발생하지. 테일러는 이러한 딜레마를 해결하기 위한 방법으로 행위의 기본 규칙과 다섯 가지 우선순위 원칙을 제시했어. 기본 규칙은 ①무해의 규칙, ②불간섭의 규칙, ③신의의 규칙, ④ 보상적 정의의 규칙이며, 이해가 상충하는 문제를 해결하기 위한 다섯 가지 우선순위 원칙은 ①자기 방어의 원칙, ②균형의 원칙, ③최소 잘못의 원칙, ④분배적 정의의 원칙, ⑤보상적 정의의 원칙이야.[140]

이 기본 규칙과 우선순위 원칙은 다른 생명을 대함에 있어서 해치지 않는 것이 가장 중요하며 다음으로 간섭을 하지 않으며, 도덕 행위자가 생존이라는 자신의 가장 기본적인 이익을 위해서거나 위험한 상황에 처했을 때 방어적으로 해로운 유기체를 해치는 것을 허용해.

테일러는 우리가 문화적 가치나 개인적 가치를 추구하는 과정에서 생태계에 영향을 끼칠 수밖에 없지만, 그럼에도 불구하고 가능한 한 생태계와 야생의 동식물에 끼치는 간섭을 최소화하도록 스스로 끊임없이 노력하는 것이 필요하다고 이야기해.[141] 그래야만 우리가 생태계를 덜 파괴하고 공존할 수 있는 방법을 찾아나갈 수 있기 때문이야.

4
우리는 동물을 어떻게 대해야 하는가

아빠, 동물을 인간의 도구가 아닌 생명 자체로 존중해야 한다는 것이 올바른 자세라는 점은 알겠는데요, 그래도 명료한 기준이 있으면 좋을 것 같아요.

동물에게도 권리가 있다는 동물권(animal rights) 주장이 커지고 있어. 동물권 주장은 인권에서 파생된 주장이지. 모든 인간에게는 가장 기본적인 인권이 있으며 그 기본권은 누구로부터도 침해받아서는 안 된다고 이야기해. 리건은 이러한 권리론을 동물에게 확장하여 1년 혹은 그 이상 된 정상적인 포유동물들은 삶의 주체이기 때문에 권리를 갖는다고 주장했어. 하지만 이러한 주장은 그 이외의 종은 권리가 없는 존재로 배제되면서 한계를 드러내고 말아. 리건이 말하는 권리를 갖는 그 몇 종을 제외한 자연의 대부분 생명들을 도덕적 행위의 고려 대상에서 배제하는 것은 오늘날 인간에 의해 생태계가 심각하게 파괴되는 상황에서 자연의 생명을 대하는 태도로 바람직하지 않아.

그럼 우리는 도대체 어느 종까지 우리의 도덕적 고려의 대상이 되는 권리를 갖는 주체로 보는 것이 타당할까? 모든 동물? 식물? 아니면 세균이나 바이러스까지? 우리가 이렇게 도덕적 고려의 대상이 되는 권리의 주체를 어디까지로 정해야 하는지 고민하는 것은 우리가 인권의 기반이 되는 권리론을 학습받아 왔기 때문이야. 또 권리론을 바탕으로 한 법률 체제가 작동하는 사회에서 살면서 권리를 가져야 도덕적 고려의 대상이 된다고 생각하기 때문이지. 하지만 지금은 우리가 권리론을 당연하게 듯 받아들이지만, 권리론은 각 개인을 구분하고 타인과의 계약 관계를 통해 개인의 이익을 보호할 수 있다는 서양의 개체 중심적인 사고의 틀에서 발달하게 된 특유한 가치 체계야. 권리론의 기반이 되는 "개인, 개인의 합리성과 자율성, 그리고 개인이 주장할 수 있는 요구에 대해 초점을 맞추는 것은 지극히 서양의 특유한 관심사"[142]야. 과거의 많은 전통 공동체, 그리고 계몽 시대 이전의 서구 사회조차도 인간관계를 다르게 이해했단다. 가령 많은 전통 공동체에서 다른 사람에게 해를 끼쳐서 안 된다고 한 것은 그런 행위가 그 사람의 권리를 침해해서가 아니라 '다른 이에게 해를 끼쳐서는 안 된다'는 사회적 규범 때문이었어. 권리론만이 개체 간의 관계를 규정할 수 있는 유일한 가치 체계가 아니라는 거야.

자연의 생명체 중에 권리의 주체는 어디까지로 한정할 수 있을까? 리건은 삶의 주체에게 권리가 있고 그 경계를 고등 동물로 한정했어. 하지만 생물을 고등 동물이나 하등 동물과 같이 위계적으로 구분하는 것은 사람들이 자신이 가진 특성을 고등한 것으로 평가하고 그것을 기준으로 다른 생물을 하등하게 평가한 것에 불과해. 사람들은 자신의 눈에 보이거나 중요하다고 여기는 것만 중요하게 평가하거든. 하지만 생태계를 생각했을 때 생태계가 건강하게 유지되고 지속 가능한 것은 동물이나 식물과 같이 우리 눈에 형체가 보이는 유기체들뿐만 아니라 유기물들을 끊임없이 순환시키는 세균이나 곰팡이, 곤충과 같은 분해자들 덕분이야. 그렇기에 우리는 건강한 생태계를 유지하기 위해서 이들 분해자들을 포함하여 자연의 모든 생물들이 온전할 수 있도록 우리의 도덕적 고려의 대상으로 삼아야 한단다. 그럼 동식물을 포함한 이 모든 생물들도 도덕적 권리를 가질까?

테일러는 도덕적 권리의 다음 네 가지 측면 때문에 개념적으로 동물이나 식물은 도덕적 권리 소유자가 될 수 없다고 주장했어.

(a) 도덕적 권리 소유자는 도덕 행위자 공동체의 일원으로 추정된다.

(b) 도덕적 권리 소유자인 것과 자기 존중은 연관되어 있어서 어떤 존재가 자신을 존중하는 것을 상상할 수 없다면 그 존재가 도덕적 권리 소유자인 것도 상상할 수 없다.

(c) 어떤 존재가 도덕적 권리를 가지고 있다는 진술이 타당하다면 그 존재가 권리를 행사하거나 누릴 것을 선택한다는 진술도 타당해야 한다.

(d) 도덕적 권리 소유자에게는 도덕적 권리로 인한 이차적인 자격이 있다.[143]

이 주장에 따르면 동물이나 식물 더 나아가 세균이 도덕적 권리를 갖기 위해서는 자신의 권리를 주장할 수 있어야 하고, 만약 그 권리가 침해를 당했다면 보상을 청구할 수 있어야 해. 하지만 자연의 생물은 그럴 수가 없어. 세균이나 곰팡이가 권리의 개념을 이해할 리 없으며, 그 권리가 침해당했을 때 보상을 요구할 수도 없어. 세균이나 미생물은 우리의 권리라는 개념 너머에 있는 존재들이야. 그럼 세균이나 미생물이 권리를 가질 수 없는 존재라고 하여 우리가 그들을 아무렇게나 대해도 될까? 그렇지 않아. 세균은 생태계의 순환에서 핵심적인 생명이야. 농약이나 제초제를 사용하여 토양 미생물을 파괴하는 경우 토양 생태계의 순환은 망가지게 돼. 그들이 권리라는 개념 너머에 있는 존재라고 하더라도 우리는 그들 또한 온전하도록 행위해야만 해.

더 나아가 모든 유기체는 개체가 아니라 미생물을 포함하여 여러 종이 공생하고 상호 의존적인 공생명체로 존재해. 소의 내장에는 무수히 많은 세균이 존재한단다. 소와 장내 미생물 사이에는 어떤 권리와 의무를 가질까? 지의류는 조류와 균류의 공생명체야. 조류와 균류 각각은 서로에게 어떤 권리를 갖고 의무를 가질까? 또 잡아먹는 표범과 잡아먹히는 사슴은 어떤 권리와 의무의 관계를 가질까? 권리론이 한계를 명확히 드러내는 지점이 바로 이 부분이야. 권리론은 개체가 독립된 존재라는 것을 전제로 하여 둘 사이의 관계를 규정해. 하지만 자연에는 엄밀히 독립적으로 존재하는 개체는 없으며 다양한 형태로 상호 의존하여 존재한단다.

동물 권리론은 권리론을 근간으로 하는 법률 체계가 작동하는 서구화된 사회에서 동물, 멸종 위기종 등을 보호하는 데 유용해. 하지만 다차원적으로 상호 의존하여 존재하는 자연의 생명을 옹호하기에는 한계를 갖는 개념이야. 그렇기에 권리론 개념을 넘어 동물을 포함하여 모든 생명체를 존중하는 태도를 갖는 것이 우리가 당면한 생태계 위기를 극복하는 데 도움이 되는 태도일 거야.

육식과 채식

동물에게 침해받지 않을 권리가 있다는 동물권 주장이 야기하는 또 하나의 논쟁은 육식과 채식 중에 어느 것이 더 윤리적인가 하는 '육식 vs 채식' 논쟁이야. 리건은 삶의 주체인 동물은 누구로부터 침해받지 않을 권리를 소유하고 있기 때문에 육식을 해서는 안 된다고 주장해. 그에 비해 식물은 고통을 느끼지 못하고 삶의 주체가 아니라는 이유로 채식은 허용하지. 하지만 앞에서 살펴본 것과 같이 동물 못지않게 식물도 자기의 방식으로 진화해 온 생명이고 삶의 주체야. 그럼 동물도 식물도 모두 삶의 주체이고 모두 권리를 갖는다면 우리는 육식은 말할 것도 없고 채식도 해서는 안 되는 것일까? 생명을 독립된 개별적 존재로 생각하는, 권리론의 토대가 되는 개체주의의 가장 근본적인 문제가 바로 이 부분이야. 유기체는 해부학적으로, 생리학적으로, 발생학적으로, 유전학적으로, 그리고 면역학적으로 더 나아가 생태적으로 결코 독립적인 존재가 아니야.[144]

식물은 광합성을 통해 태양으로부터 에너지를 얻음으로써 영양적으로 독립되어 있지만 동물은 그럴 수 없기 때문에 생명을 유지하기 위해서 반드시 다른 생물에 의존하는 삶을 살아가야 해. 그렇기 때문에 동물은 불가피하게 다른 생물에게 불편함을 유발하며 먹이로 섭취해야만 하지. 생명의 존재 자체가 그러해. 인간도 예외가 아니야. 하지만 다른 생명에게 불편함을 야기하는 것이 불가피하다고 하여 모든 행위가 용인되는 것은 아니야. 여기에서 도덕 행위자인 인간이 다른 생명과 어떤 관계를 가져야 하는가라는 윤리적 문제가 발생한단다.

과거의 많은 철학자들은 인간 이외의 모든 생물을 인간만이 지닌 특성을 기준으로 비천한 존재로 간주하고 인간의 수단쯤으로 여겼어. 오늘날에도 이러한 시각이 주류를 이루고 있으며, 동물에 관심을 갖는 소수의 철학자들조차 소위 고등동물의 고통에는 관심을 갖지만 여전히 다른 생물을 도덕적 고려의 대상에서 배제하고 있지. 하지만 식물을 포함하여 모든 생물들 또한 나름의 방식으로 살아가는 본래적 가치를 지닌 생명들이란다. 그들을 어떠한 이유로든 경계를 짓고 차별하는 것은 위계적 사고에서 벗어나지 못하고 있는 거지.

반면 테일러는 자연의 생명들을 본래적 가치를 지닌 존재로 존중해야 한다고 주장해. 그럼 우리는 다른 생명들을 존중하느라고 손상을 가하지 말고 굶어죽어야 하는 걸까? 자연의 생명을 존중하고 보호하느라고 자신을 굶어죽도록 놔두는 것은 자신을 존중하는 태도가 아니야. 자신을 죽이면서까지 다른 생명을 보호해야 하는 의무는 없어. 나의 가장 기본적인 이익과 다른 생명의 기본 이익이 충돌하는 경우 나의 기본 이익이 우선해. 따라서 사람들이 자신의 생존을 위해 식물과 동물을 음식으로 먹는 행위는 윤리적으로 허용돼.

철학 교수로 동물윤리학을 연구하고 있는 잔 카제즈(Jean Kazez)도 원시 시대의 동굴인을 예로 들며 비슷한 이야기를 했어. 동굴인은 창으로 동물을 잡아야 가족을 먹여 살릴 수 있는데 동물을 존중하여 동물을 사냥하지 않으면 가족들이 굶어죽을 수밖에 없어. 이것은 가족의 생명을 존중하지 않는 행위야. 이럴 때 동굴인은 어떻게 해야 할까? 카제즈는 나의 생명과 가족의 생명을 존중하여 다른 생명을 덜 존중하는 것은 윤리적으로 정당하다며 동굴인이 동물을 사냥하여 자신과 가족을 먹여 살리는 것은 정당하다고 했어.[145] 하지만 그 행위는 적절한 정도로 최소화되어야 해. 이런 면에서 지금의 과다한 육식은 문제가 있어. 쇠고기 1㎏을 얻기 위해서는 소에게 7㎏의 곡물을 먹여야 해. 쇠고기를 먹기 위해서는 그만큼 더 넓은 자연의 경작지를 경작해야 하고 그만큼 생태계에 더 부담을 주게 되지. 그렇기에 육식을 하는 것보다 채식을 하는 것이 자연에 해를 덜 끼치는 행위야.

전 세계적으로 이루어지고 있는 과도한 육식은 오늘날 인류가 야기하고 있는 기후 위기의 주요 원인 중에 하나야. 그렇기에 과도한 육식을 줄이는 것이 생태적 입장에서 좀 더 바람직한 행위란다. 그리고 육식을 하든 채식을 하든 그 대상을 존중하고 감사하는 태도를 갖는 것이 중요해. 그렇게 존중과 감사의 태도를 가질 때 그들 생명을 어떻게 대하는 것이 좀 더 바람직한지 드러나게 된단다. 그들에게 존중과 감사의 태도를 갖는다면 그들을 함부로 대하지 않게 될 것이기 때문이야.

인간의 생존을 위해 가축을 사육하더라도 사육하는 동안 생명으로서 존중하고 최대한 고통받지 않게 사육하며 마지막 죽음에 이르는 과정도 최대한 고통을 줄이는 방식으로 이루어지도록 해야 하지. 그런 측면에서 하루하루가 고통이 되는 공장식 축산 환경이나 단지 인근에 가축 전염병이 발생했다는 이유만으로 건강한 가축을 예방적 살처분을 하는 것은 동물을 대하는 바람직한 태도가 아니야. 경운기가 없던 시절에 농부들은 비록 고된 농사일에 소를 이용하더라도 정성껏 소죽을 끓여 먹이며 가족과 같이 돌봤지. 농부들의 이런 태도가 바로 동물을 대하는 바람직한 태도라고 할 수 있단다.

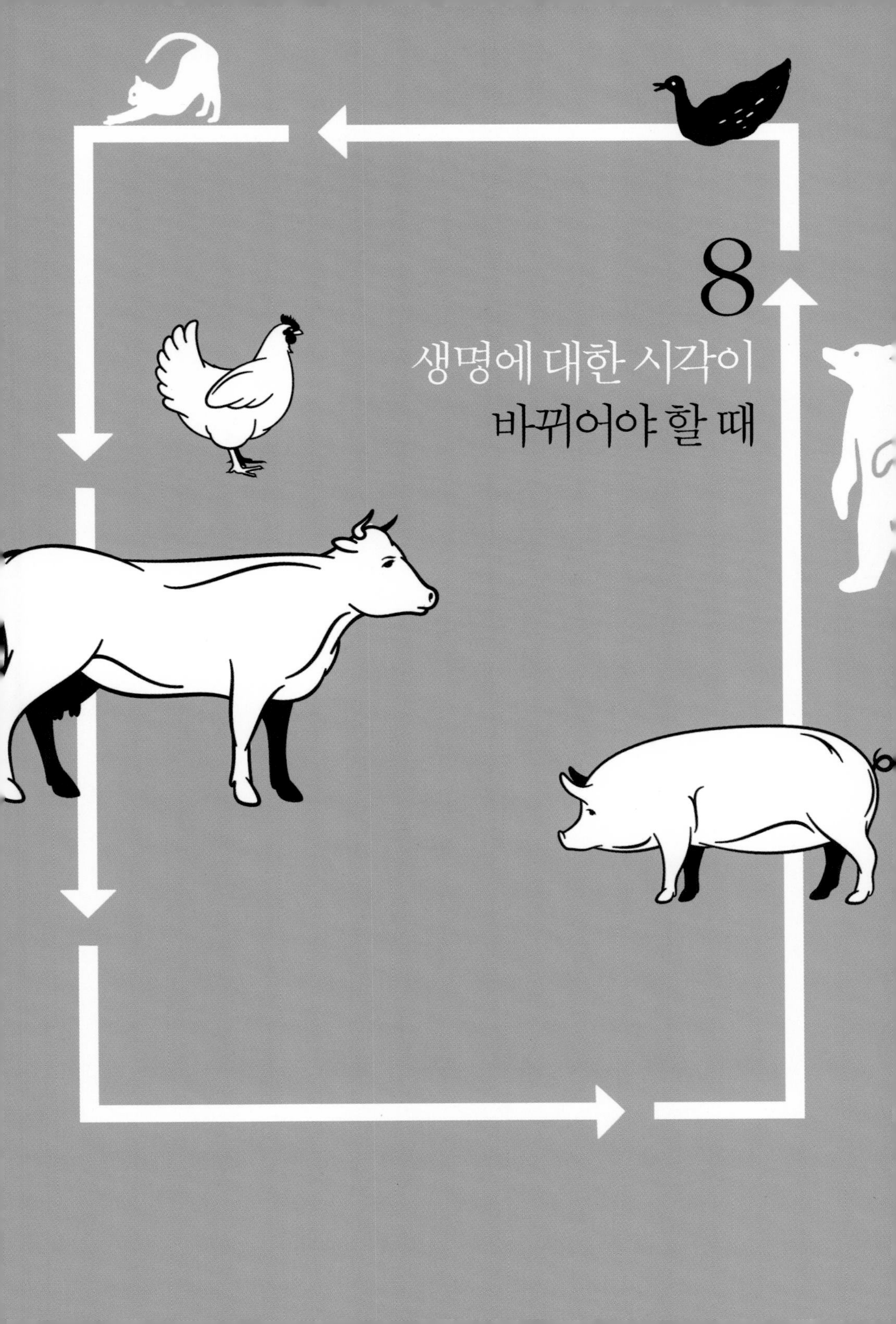

8
생명에 대한 시각이 바뀌어야 할 때

1
바이러스에 대하여

아빠, 모든 자연은 순환하며, 그 과정에 불필요한 존재가 없다는 것은 너무도 마땅하게 생각되면서도 세균과 바이러스에 대해서는 혼란스러워요. 당장 팬데믹을 일으킨 코로나19 바이러스만 해도 너무 우리에게는 불편하고 위험한 존재잖아요. 곰팡이도 좋은 곰팡이, 나쁜 곰팡이를 나누는 것처럼 바이러스도 유해한 것이 있는 것 아닐까요?

리수야, 우리는 생명에 대한 인식의 변화에서 미생물에 대한 시각의 변화가 필요하단다. 사람들은 경쟁주의적 생명관과 환원주의적 질병관에 의해 유기체와 세균과 바이러스의 관계를 경쟁적 관계, 더 나아가 적대적 관계로 여기며 이들 미생물들을 병원균 정도로 생각하곤 해. 하지만 세균과 바이러스는 생물 진화의 토대였을 뿐만 아니라 오늘날에도 모든 생물과 공생 관계를 맺고 있고 또 생태계 순환의 토대가 되고 있어.

2012년 실시된 인간 미생물 군집 프로젝트(Human Microbiome Project, HMP)에서 메타게놈(metagenome)[146] 염기 서열 분석 결과 각 인간의 장에는 150종 이상의 세균이 정상적으로 존재하며, 우리의 장내 미생물 군집(microbiome)에는 약 1,000개의 주요 세균 그룹이 유지된다는 것을 보여주었어.[147] 이들 장내 정상 세균은 장세포가 정상적인 기능을 할 수 있도록 촉진하는 기능을 하는데, 그런 장내 세균을 모두 없앤 상태에서 태어나고 자란 쥐는 면역 체계와 위장관 발달이 제대로 이루어지지 않는다는 것이 밝혀졌어.[148]

사람들은 바이러스 또한 공포스러운 전염병의 원인체 정도로 생각하지만 유기체와 바이러스는 그런 적대적 관계에 있지 않아. 유기체와 바이러스는 오랜 세월에 걸쳐 구조접속 관계를 이루며 상호 공진화해왔단다. 그렇기에 인간이 개입하지 않은 생태계에서 유기체는 다양한 바이러스의 자연 숙주로 건강하게 살아가. 바이러스는 유기체를 감염시키지만 병독성이 약화되어 유기체를 죽이지 않는단다.

생태 저술가인 데이비드 콰먼(David Quammen)은 숙주를 빨리 사망에 이르게 하는 병원체는 스스로 위기를 맞기 때문에 "바이러스와 보유 숙주가 오래도록 상호 관계를 맺고 진화 과정 속에서 서로 적응한다면 바이러스는 독성이 줄고 숙주는 내성이 증가하여 일종의 휴전 상태로 변해가는 경향이 있다"고 했어.[149] 앞에서 살펴본 호주 토끼의 점액종 바이러스 사례도 그렇지만 파필로마바이러스(papillomavirus) 또한 그래. 파필로마바이러스는 사람의 피부와 점막에서 흔히 발견되는 바이러스로 오랜 기간에 걸쳐 사람을 비롯한 포유류와 공진화해왔지. 이 바이러스는 드물게 사마귀나 암을 유발하는 경우도 있지만, 대개는 특이한

소견이나 병리적 증상을 일으키지 않아.[150]

일반적으로, "두 가지 생물이 숙주-기생체 관계를 맺는 경우, 기생체의 생존은 숙주를 파괴할 때가 아니라 성장하고 증식하는 데는 충분하지만 숙주를 죽이는 데는 충분하지 않은 정도로 숙주의 자원을 이용하는 균형 상태를 달성할 때 가장 안전하게 보장된다"[151]고 해. 콰먼은 "바이러스, 세균, 곰팡이, 원생 생물 및 기타 미생물을 포함하여 수백만 종의 병원체가 있는데 많은 수가 다른 동물의 몸에 기생한다. 예를 들어 중앙아프리카의 숲속에는 수많은 바이러스가 각자 세균이나 곰팡이나 원생생물이나 동물이나 식물에 기생하면서 증식과 지리적 분포를 규정하는 생태학적 관계를 맺고 있다. 에볼라, 라사열, 원숭이두창, 에이즈 바이러스 등은 극히 일부일 뿐이다. 이때 양자 간의 관계는 매우 밀접하며 오랜 세월에 걸쳐 확립된 것으로 항상 그런 것은 아니지만 공생 관계인 경우가 많다. 이들은 독립적으로 살아가지 않는다. 함께 살지만 큰 문제를 일으키지 않는다"[152]고 말했어. 아노 카렌(Arno Karlen) 또한 "기생체가 숙주를 죽인다면 그것들은 먹이와 거주지, 그리고 급기야는 자신의 생명마저 잃게 된다. 이 숙주와 기생 생물 사이의 궁극적인 관계는 살해가 아닌 상호 의존이다"[153]라고 했지.

지구상에 세균과 바이러스는 특별한 존재가 아니라 보편적 존재란다. 지구의 표면과 내부를 통틀어 지구에는 10^{29}개의 세균이 있다고 추정돼. 유기체는 그런 세균이 있는 환경에서 진화해 왔기 때문에 그들 대부분이 우리에게 해를 끼치지 않는다는 사실은 명백하지. 또 해수 1㎖에는 10^{7}개의 바이러스가 있고 해양 퇴적물 1g에는 10^{8}~10^{9}의 바이러스가 있다고 해.[154] 바이러스는 특정한 곳에만 있는 것이 아니라 어디에나 존재해. 인간 게놈 연구에 따르면 인간 DNA의 8%가 온전한 바이러스 게놈이며, 이와 별도로 40~50%가 바이러스 유전자 조각이야.[155] 평균적으로 사람의 폐에는 174종의 바이러스가 있어.[156] 바이러스는 특별한 존재거나 괴물과 같은 존재가 아니야. 바이러스는 생명의 역사에서 항상 존재해 왔고 항상 유전자를 퍼뜨렸단다. 그래서 마굴리스는 "바이러스들은 세균과 인간 세포, 다른 세포들 사이에 유전자를 퍼뜨린다. 세균 공생자와 마찬가지로, 바이러스도 진화적 변이의 원천"[157]이라고 했어. 유기체에게 바이러스의 감염은 특별한 일이 아니라 진화의 과정이야. 유기체에게 바이러스는 특별한 존재가 아니라 환경 자체인 거지. 따라서 지금과 같이 세균이나 바이러스를 병원균으로 간주하는 시각은 재고되어져야 해.

구제역이나 조류 인플루엔자와 같은 가축 전염병이 발생할 때마다 방역 당국이 해당 농장은 말할 것도 없고 인근의 건강한 가축들까지도 예방적 살처분을 하는 것은 가축 전염병을 원인 바이러스로 환원한 결과이며 바이러스는 절대로 존재해서는 안 될 것으로 간주하기 때문이야. 하지만 유기체에게 바이러스는 특별한 존재가 아니며 오랜 기간에 걸쳐서 감염이 반복되는 경우 유기체와 바이러스는 상호 적응 관계에 도달하여 공생명체로 살아가기 때문에 특별한 증상을 유발하지 않아. 그렇기에 야생 조류에서 조류 인플루엔자 바이러스가 검출되는 것은 특별한 문제가 아니라 자연스러운 현상이야. 또 소와 돼지는 면역력만 건강하다면 구제역 감염은 대부분 회복돼. 가축에게 바이러스의 감염은 우리가 살아가면서 가끔 감기에 걸리듯 살아가면서 겪는 자연스러운 과정 중에 하나야. 그런 자연스러운 현상을 두고 가축들과 철새를 죽음으로 내모는 것은 바람직한 일이 아니지.

문제는 소나 돼지가 구제역 바이러스를 이겨낼 수 없을 정도로 면역력이 건강하지 않거나 야생 조류의 조류 인플루엔자 바이러스가 가금류 농장에 전파되는 것이란다. 이 모두가 단일한 품종의 가축을 열악한 환경에서 과다하게 밀집 사육하는 공장식 축산으로 인해서 야기되는 문제라 할 수 있어. 그렇기에 가축 전염병이 발생할 때마다 살처분을 반복하는 방식의 방역 행위로부터 벗어나기 위해서는 가축들이 건강한 면역력을 가질 수 있도록 축산 환경이 먼저 변화되어야만 해.

우리는 좀 더 나아가 생태계 내에서 바이러스와의 관계에 대해서도 고민해 봐야 해. 맥닐이 이야기한 것처럼 바이러스와 야생 동물은 오랜 세월에 걸쳐 상호 적응하여 공존하고 있어. 하지만 인류가 이들이 관계 맺고 있던 환경을 교란시키는 경우 야생 동물에게 있던 바이러스가 인간에게 전파되어 에이즈나 코로나19와 같은 전염병 사태가 야기된 거란다. 여러 과학자들은 앞으로 더 심각한 팬데믹의 발생을 우려하고 있어. 그것은 어떤 바이러스가 존재하는지 채 알지도 못하는 열대림을 인류가 파괴하고 있고 그로 인해 그곳의 야생동물이 급격히 감소되어 야생동물과 상호 적응 관계를 이루고 있던 바이러스가 인류에게 전파될 가능성이 높아지고 있기 때문이야. 따라서 인류는 생태계의 생명을 대함에 있어서 눈에 보이는 이익에만 천착할 것이 아니라 눈에 보이지 않는 바이러스까지 포함하여 그들 생명들과 어떻게 하면 함께 살아갈 수 있는지를 고민하여야만 해.

2
약육강식에 대하여

아빠, 모든 생명은 공생명으로서 진화해 왔다고 하지만, 오늘날 우리 인간 사회를 살아가기 위해서는 '경쟁'이라는 것이 너무 만연되어 있어 피할 수만은 없는 게 현실 아닐까 싶어요. 혹시 우리 인간도 이 시대의 동물들처럼 약육강식이라는 말로 이용되고 있는 건 아니겠죠?

생명은 진화 과정에서 때로 경쟁하기도 하지만 더 많은 방식으로 공생하고 공진화해 왔단다. 하지만 사람들은 약육강식을 이야기하며 동물에 대한 폭력을 정당화해 왔지. 이러한 경쟁의 이름으로 이루어지는 폭력은 안타깝지만 사람 사회에서도 일관되게 이루어져 왔어.

동서양을 막론하고 사람들은 때로 경쟁하였지만 일상적으로 배려하고 협력하며 살아왔단다. 사람들이 황금률(golden rule)로 이야기하는 것이 "남에게 대접을 받고자 하는 대로 너희도 남에게 대접하라"야. 또

논어에서는 기소불욕물시어인(己所不欲勿施於人)을 이야기해. 둘 다 자신이 대우받고자 하는 대로 남을 대하고 자신이 대접받기 싫은 행위는 다른 이에게 행하지 말라는 것이야. 많은 전통 사회들은 이것과 별로 다를 것 없는 도덕률을 갖고 살았으며 자신만의 이익을 위해 공동체에 해를 끼치거나 누군가를 곤궁에 처하게 한다면 비난을 받고 부끄럽게 여겼어.

그러나 자본주의의 도래는 그 속성상 과다한 상품을 생산해내고 잉여 상품을 판매하기 위해 경쟁을 가속화시켰단다. 이후 신자유주의 체제는 사람들을 더욱 무한 경쟁으로 몰아넣었고, 적자생존이나 약육강식과 같은 말들이 일상화되었어. 이처럼 일상화된 경쟁 속에서 사람들은 다른 사람을 어려운 처지에 빠뜨리고도 부끄러운 줄 모르게 되었지. 경쟁 사회에서 패배자가 생기는 것은 어쩔 수 없는 일이며 살아남으려면 경쟁력을 키워야 한다고 이야기할 뿐이야.

이런 사회 분위기가 반영된 교육 환경에서 어린 학생들은 생명은 원래 그런 존재이고 인간 또한 그런 무한 경쟁 속에서 살아가야 한다고 배워. 그 결과 성적이 떨어지는 학생들은 자존감에 깊은 상처를 받고, 열심히 공부해서 성공한 학생들은 우월감을 갖고 다른 존재를 존중하거나 감사할 줄 모르게 돼.

우리나라 농민은 오랫동안 전 국민의 70% 정도를 차지하고 있었지. 하지만 지속된 저가 농산물 정책과 농축산물 수입 자유화로 생존이 어렵게 되어 버렸어. 정부는 농민들에게 수입 자유화에 대비하여 경쟁력 강화를 주문했단다. 농민들은 규모를 늘리거나 특용 작물 재배와 같은 방식으로 활로를 찾았지. 축산은 경쟁력을 갖추기 위해 공장식 밀집 사육으로 전환될 수밖에 없었어. 그리고 그렇게 전환하지 못한 많은 농민들이 이농을 선택하면서 농민 비율은 지속적으로 감소하여 2019년에는 4.3%에 이르게 되었던 거야. 이를 단지 '농민의 일' 일 뿐이라고 생각할지 모르지만 그 영향은 현재 우리의 삶에 큰 영향을 끼치고 있어. 농촌에서 내몰린 농민들은 도시로 몰렸으며 사람들은 더욱 심각한 경쟁의 늪에 빠져 들었어.

인간 사회는 분업으로 이루어져 있단다. 현대 사회학의 토대를 닦은 에밀 뒤르켐(mile Durkheim)은 분업의 역할을 분업 없이는 사회가 존재할 수 없는 어떤 것을 제공해 주며, 그러한 분업의 결과 사회는 나름의 독립적 실체를 가지고 도덕적 질서를 확립하게 되었고, 개인들은 서로 밀접하게 연결되고 연대 의식을 가질 수 있게 되었다고 해.[158] 뒤르켐은 현대 사회가 분업의 체계 속에 건강한 공동체를 이루기 위해서는 공동체 구성원들 사이에 서로를 존중하고 신뢰하는 분위기가 형성되어야 하며, 그 구성원들 사이에 감정적 상처가 없는 사회가 형성되어야 한다고 강조한단다.[159]

현대 사회는 기능적으로 분화된 다양한 영역들이 분업의 체계 속에 상호 의존적인 연결망을 이루며 존재하고 있어. 각 영역의 구성원들이 분업의 체계 속에서 각자의 역할에 충실히 임한다면 그 체계 속에서 안정적인 삶을 영위할 수 있어야 해. 그래야 구성원들 사이의 신뢰가 강화돼. 만약 구성원들이 자신에게 주어진 역할을 충실히 하였음에도 불구하고 그들의 삶이 불안정해진다면 사회의 분업 체계는 위협을 받을 수밖에 없게 되겠지.

현대 사회의 분업 체계 중에 가장 필수적인 영역은 무엇일까? 사람들은 3차 산업 혁명이니 4차 산업 혁명이니 하면서 새로운 첨단 산업에 열광하지만 분업 체계에서 가장 필수적인 산업은 바로 농업이야. 왜냐하면 구성원의 생존을 유지하는 데 가장 필수적인 것이 음식물이기 때문이지. 농업은 단지 안정적인 먹거리 문제를 해결하는 것을 넘어 사회적 안정, 자연 경관 보전, 대기 정화, 종 다양성 유지와 같은 비화폐적인 다원적 기능(multi-functionality of agriculture)도 함께 수행하고 있어.[160] 인류의 지속 가능성 측면에서 생각했을 때에도 농업은 가장 중요한 영역이야. 『지속 가능한 사회』의 저자인 밀브레스 또한 "지속 가능한 사회는 지속 가능한 농업에 기반을 둘 때에만 성공을 기약할 수 있다"[161]고 강조했어. 그렇기에 농자천하지대본(農者天下之大本)이라는 말이 있듯이 농업은 인간 사회의 가장 근원적인 토대란다.

농업은 사회의 분업 체계에서 가장 필수적인 요소이며 지속 가능한 사회를 위해서도 안정적인 영역이어야만 해. 하지만 농업에 종사하던 많은 농민들은 생업에 충실했음에도 불구하고 자유 경쟁이라는 이름으로 세계 시장에 내던져져 국가적 지원을 받는 농업 선진국 농민들의 농산물에 밀려 파산하고 말았어.

신자유주의 체제하에서 농업뿐만 아니라 모든 영역이 무한 경쟁의 전쟁터로 내몰리고 있어. 그리고 그 결과 부는 소수의 자본가들에게 편중되고 사회적 불평등은 심화되었단다. 사람들은 생명의 진화가 경쟁에 의해 이루어진 것처럼 우리의 삶 또한 경쟁은 불가피한 것이라고 생각하며 지금의 과도한 경쟁 상황을 받아들이고 각개 전투하듯 경쟁력을 강화하여 이런 상황에서 각자도생하기 위해 노력해야 한다고 이야기해. 하지만 이러한 무한 경쟁 체제는 자본에 의한 다양한 약자들에 대한 폭력에 지나지 않아. 토마스 베리는 이러한 상황을 두고 "이전의 정치적 식민지들이 이제는 새로운 자유 무역 정책에 의해 세계은행(World Bank)과 국제통화기금(IMF)을 통해 초국가적 기업의 지배를 받는 경제적 식민지로 전락했다"[162]고 비판해. 신자유주의 체제는 초국적 자본이 그들의 이익을 극대화하려는 폭력적 체제이며, 사회 구성원들을 보호막 없이 세계 시장의 끝없는 경쟁 체제로 내모는 것은 국가의 폭력이야.

생명은 말할 것도 없고 인간 사회도 때로 경쟁하지만 더 많은 경우 공생해왔어. 지금과 같은 과도한 경쟁 체제는 바람직한 상태가 아니야. 또 지속 가능할 수도 없는 체제야. 우리는 경쟁이라는 이데올로기 속에 다른 생명체들, 그리고 사회 구성원들에게 상처를 입히는 삶을 살고 있는 것은 아닌지 돌아봐야만 해. 그리고 상처받는 구성원들을 방기한 채 구성원 개개인이 경쟁력을 강화하여 각자도생해야 한다고 외칠 것이 아니라 구성원 상호간의 신뢰가 손상받지 않는 건강한 공동체의 모습을 회복할 수 있도록 노력해야만 해.

3
기후 위기에 대하여

아빠, 우리와 함께 살아가는 동물들에서 출발한 대화가 공장식 축산, 농업과 세계의 경제, 생명관, 그리고 인간으로 이어지는 것을 보니 생명이란 모두 연결된 고리가 맞다는 생각이 들어요. 그렇다면 지금 지구의 당면한 과제인 기후 위기를 해결하기 위해서 우리는 무엇을 어떻게 하는 것이 필요할까요?

프리츠 하버가 하버 보슈법을 발명한 후 인위적으로 질소를 고정할 수 있게 됨으로써 곡물 생산량이 급증하였고 사람들은 인류의 식량난이 해결되었다며 환호하였지. 하지만 급증한 곡물은 단지 기존에 있던 인구의 식량난만 해결한 것이 아니라 폭발적인 인구 증가를 야기했어. 그리하여 1927년 20억에 불과하던 인구는 100년도 안 되는 사이에 78억으로 폭발적으로 증가했어. 과다하게 증가한 인구는 많은 양의 화석 에너지와 자원을 소비함으로써 기후 위기와 생태계 파괴를 심화시켰어.

사람들은 "인구는 기하급수적으로 증가하고 식량은 산술급수적으로 증가한다"는 맬서스의 인구론에 영향을 받아서인지 인구의 증가를 어쩔 수 없는 현상이라고 생각해. 하지만 지구 생태계에서 종들은 관계 속에 존재하기 때문에 하나의 종만 급격히 증가하는 경우는 없어. 인류가 기하급수적으로 증가한 것은 자연적인 현상이 아니라 인류의 과학이 야기한 결과야.

이미 많은 화석 에너지와 자원을 소모하는 과다해진 인구로 인하여 우리는 심각한 생태계 파괴와 기후 위기에 직면해있어. 지금도 상태가 심각한데 지금보다 더 많은 인구를 지구 생태계는 결코 부양할 수 없으며, 따라서 지속 불가능해. 그렇기에 많은 학자들이 인구 과잉 문제의 심각성을 제기하고 있어.[163] 브로스위머는 환경 파괴와 인류의 종말을 막기 위해 반드시 다음 세대에 인구 증가율 0%를 달성하는 것이 필요한 선행 조건이라고 말했으며,[164] 심지어 밀브레스는 세계 인구를 점차로 약 30억 정도까지 줄여야 한다고 주장했어.[165] 현재의 인구 과잉은 현 상태로는 지속 가능할 수 없으며 결국은 파국이 올 수밖에 없다는 점을 감안한다면 왜 이들이 이런 주장까지 하게 되었는지 충분히 이해할 수 있는 측면도 있어.

현재 생명에 대한 이해는 인간 중심적으로 인간을 우위에 둔 방식으로 이루어지고 있어. 특히 주류 사회는 인간 사회뿐만 아니라 생태계의 유기체들의 관계를 경쟁 위주로 이해하면서 생명들의 관계를 적대적인 관계로 오해하고 있어. 이러한 생명에 대한 오해는 다른 생명을 수단으로 여기고 폭력적으로 대하는 것을 용인하도록 만들었지. 그로 인하여 생태계의 많은 생물 종이 급격히 사라지고 있단다.

생태계는 무수한 생명들의 다차원적인 네트워크로 이루어져 있어 사소한 충격은 스스로 회복할 수 있는 능력을 가지고 있어. 하지만 그러한 회복 능력이 무한정 가능한 것은 아니야. 지금과 같은 방식으로 인류가 다른 생물 종을 빠른 속도로 멸종시킬 경우 생태계는 극심한 혼란 속에 빠질 수밖에 없어. 또 생태계의 다른 생명체들이 온전하지 않다면 인류 또한 온전할 수 없어. 우리는 다른 생명들 덕분에 살아가고 있기 때문이지.

지금까지 인류는 인류의 이성과 막강한 과학의 힘을 인류의 이익만을 위해 사용해왔어. 그리하여 생태계를 파괴하고 급격한 기후 위기를 야기하였지. 생명에 대한 인간 중심적 이해는 생명은 생태계 내에서 수많은 생명들과 생명 공동체인 '공생명' 이라는 차원으로 전환되어야 해. 자연의 생명을 파괴하는 것은 우리 자신을 파괴하는 것이라는 것을 인식하여야 해. 또 생명은 환경에 구조접속되어 있기 때문에 지금과 같이 인류가 기후 위기를 심화시켜 환경이 변화되는 경우 지금 환경에 구조접속되어 있던 생명들은 심각한 위기 상황에 놓이게 된다는 점을 깊이 인식해야 해. 그렇기에 이성과 막강한 과학의 힘으로 환경에 큰 영향을 끼칠 수 있는 우리 인류는 첨단 기술에 무조건 환호할 것이 아니라 우리의 행위가 환경과 지구 생태계에 어떠한 영향을 끼치는지 심사숙고하여 행위 하여야만 한단다.

닫는 글

“저들의 죽음은 불필요했어!”

제임스 카메론 감독의 「아바타」를 보면 영화 앞부분에 남자 주인공 제이크 설리와 원주민인 나비족 여자 주인공 네이티리가 만나는 장면이 나와. 제이크는 행성 판도라의 밀림 탐사를 나갔다가 동료들로부터 이탈되어 혼자 남게 되는데, 한밤중이 되어 야생 동물들의 습격을 받게 돼. 이때 네이티리의 도움을 받아 야생 동물들을 물리치고 살아남게 되고, 제이크는 네이티리에게 “고맙다”라며 감사의 인사를 해. 하지만 네이티리는 “감사하지 마! 이건 슬픈 일이야. 아주 슬픈 일일 뿐. 저들의 죽음은 불필요했어!” 라고 단호하게 말해.

네이티리의 “저들의 죽음은 불필요했어!”라는 말이 신선하게 다가오는 건 왜일까?

우리는 빈번히 수많은 동물들의 죽음을 접하게 돼. 유기동물 보호소에서 안락사 당하는 유기 동물들, 태어나자마자 죽임을 당하는 수평아리들, 동물 실험으로 죽어가는 실험동물들, 또 가축 전염병 예방을 이유로 죽임을 당하는 가축들. 더 나아가 지구 생태계의 많은 종들이 멸종의 위기에 처해 있어. 2019년 UN 보고서는 지구 생물 중 50만~100만 종이 멸종 위기에 처해 있으며, 야생 포유류 82% 가량이 지구상에서 사라졌다고 발표했어. 세계적 생물학자 에드워드 윌슨(Edward Wilson)은 이러한 상황을 두고 "생물 다양성이 여섯 번째 대멸종의 위기에 처해 있다"[167]고 했어. 과거의 대멸종은 소행성 충돌이나 대륙판의 이동 같은 것들이 원인이었지만, 지금의 대멸종의 원인은 인류에게 있단다. 이들 동물들의 죽음과 생물종의 멸종은 과연 불가피한 것이었을까?

오랜 동안 사람들은 인간만이 보유한 이성과 같은 특성을 내세우면서 사람의 이익만 생각하며 동물을 대하고 자연의 생명을 대해왔어. 그로 인해 많은 동물들이 고통받고 자연의 수많은 종들이 멸종의 위기에 처하게 되었지. 생태계의 위기는 인류 또한 위기 상황으로 몰아가고 있어. 이러한 위기 상황으로부터 벗어나기 위해서 우리가 할 수 있는, 아니 우리가 해야 하는 것은 무엇일까?

우리는 무엇보다도 먼저 생명에 대해 또 생명의 관계에 대해 깊이 고민해 보아야만 해. 모든 생명은 본래적 가치를 지닌 존재이며 또 상호 의존적인 존재들이야. 그러한 생명으로 이루어진 생태계는 모든 생명체가 다차원적인 연결망 속에서 상호 의존적 관계를 맺고 있으며 또 그럴 때에만 건강성을 유지할 수 있어. 따라서 우리는 생태계를 이루는 모든 생명에 대해 존중하는 태도를 가져야만 해.

그것은 바이러스에 대해서도 마찬가지야. 2019년 발생한 코로나19로 인하여 이 글을 마무리하고 있는 2021년까지도 전 세계적으로 수많은 인명 피해가 있었고 많은 사람들이 고통을 받고 있어. 이러한 코로나19 사태에 대하여 사람들은 코로나 바이러스를 탓하고 있지. 하지만 코로나 바이러스가 근원적인 문제가 아니야. 자연에서 코로나 바이러스는 자연 숙주인 박쥐나 천산갑 같은 야생 동물에 감염되어 있어도 오랜 세월에 걸쳐 상호 적응해 왔기 때문에 큰 문제를 일으키지 않았어. 그러던 것을 사람들이 야생 동물을 무차별적으로 잡아먹으면서 인간 사회로 코로나 바이러스가 전파되도록 한 것이야. 그렇기에 코로나19 사태는 바이러스가 문제가 아니라 인간의 행위에 더욱 근원적인 문제가 있다고 봐야 해. 이처럼 생명의 관계를 교란시키는 행위는 지구의 폐라고 불리는 아마존 열대림 파괴 등 심각한 상태에 이르렀으며 그렇기에 많은 연구자들이 이후 코로나19보다 더 심각한 팬데믹이 발생할 것이라는 경고를 하고 있어.

이러한 문제를 극복하기 위해서 우리는 부지불식간에 가지고 있는 인간 중심적인 생명관을 극복해 나가야만 해. 우리는 인간을 최상위에 두고, 생명체 각각을 개체적인 존재로 인식하고 있어. 하지만 자연계의 생명 중 홀로 존재하는 생명은 없단다. 모든 생명은 오랜 생명의 역사를 통하여 다양한 방식으로 관계를 맺으며 공진화해왔어. 그래서 생명은 생명 공동체인 공생명이야. 생명은 때로 경쟁하지만 더 많은 경우에 상호 의존적인 방식으로 협력하고 생태계 내에서 공생하는 관계를 맺으며 존재해 왔어. 공생하는 관계 속에서 모든 생명은 건강하게 살 수 있는 거지. 그래서 최근에 세계보건기구(WHO)나 미국 질병관리본부(CDC)를 비롯한 많은 국제 기구들이 인간의 건강과 동물의 건강, 또 생태계의 건강이 별개가 아니라 하나라는 원헬스(One Health)를 강조하고 있는 거야. 하지만 우리 인간은 생명의 관계를 경쟁적 측면만 강조하면서 다른 생명체를 멸종시키고 생태계를 파괴해왔어. 생명 공동체인 생태계를 파괴하는 행위가 곧 우리 자신을 파괴하는 행위임을 몰랐던 거지.

우리는 동물을 어떻게 대해야 하는가? 우리는 이 질문을 '우리는 생명을 어떻게 대해야 하는가?' 라는 큰 틀 속에서 답해야 한단다. 모든 생명은 본래적 가치를 지닌 존재이며 우리는 생태계 내의 미생물들, 식물들, 동물들 덕분에 살아가고 있어. 그렇기에 그들 생명에 대해 감사와 존중하는 태도로 대해야 한단다. 생태계 위기를 좌초한 우리는 생태계를 복원하기 위해서 다른 생명을 대하는 근본적인 태도부터 변화해야만 해. 우리는 다른 생명들 덕분에 살아가고 있음을 잊어서는 안 돼. 그리고 함께 살아갈 수 있는 방법을 모색해야만 한단다.

참고문헌

김진석, 『동물의 권리와 복지』, 건국대학교 출판부, 2005.

김재민, 『닭고기가 식탁에 오르기까지』, 시대의창, 2014.

나카야시키 히토시, 『종의 기원, 바이러스』, 김소연 옮김, 영림카디널, 2017.

R.네스, 『인간은 왜 병에 걸리는가』, 최재천 옮김, 사이언스북스, 1999.

농림축산식품부, 『조류인플루엔자 긴급행동지침』, 진한엠앤비, 2016.

Newton Press, 『바이러스와 감염증』, 강금희 옮김, (주)아이뉴턴, 2015.

데이비드 콰먼, 『인수공통 모든 전염병의 열쇠』, 강병철 옮김, 꿈꿀자유, 2017.

R. 데카르뜨, 『방법서설 · 성찰 데까르뜨 연구』, 최명관 옮김, 서광사, 1983.

도넬라 H. 메도즈 · 데니스 L. 메도즈 · 요르겐 랜더스, 『성장의 한계』, 김병순 옮김, 갈라파고스, 2011.

루트비히 비트겐스타인, 『논리 철학 논고』, 이영철 옮김, 책세상, 2006.

리처드 르원틴, 『DNA 독트린』, 김동광 옮김, 궁리출판, 2001.

리처드 리키 · 로저 르윈, 『제6의 멸종』, 황현숙 옮김, 1996.

린 마굴리스, 『공생자 행성』, 이한음 옮김, 사이언스북스, 2007.

린 마굴리스 · 도리언 세이건, 『마이크로 코스모스』, 홍욱희 옮김, 김영사, 2011.

린 마굴리스 · 도리언 세이건, 『생명이란 무엇인가』, 김영 옮김, 리수, 2016.

마이크 데이비스, 『전염병의 사회적 생산 조류독감』, 정병선 옮김, 돌베개, 2008.

마이클 캐롤런, 『값싼 음식의 실제 가격』, 배현 옮김, 열린책들, 2016.

마크 롤랜즈, 『동물의 역습』, 윤영삼 옮김, 달팽이, 2004.

마크 제롬 월터스, 『자연의 역습, 환경전염병』, 이한음 옮김, 책세상, 2008.

모비 · 박미연 외, 『고기, 먹을수록 죽는다』, 함규진 옮김, 현암사, 2011.

미카엘 란트만, 『철학적 인간학』, 허재윤 옮김, 형설출판사, 2002.

민문홍, 『에밀 뒤르케임의 사회학』, 아카넷, 2001.

L. W. 밀브레스, 『지속 가능한 사회』, 이태건 · 노병철 · 박이운 옮김, 인간사랑, 2005.

박상표, 『가축이 행복해야 인간이 건강하다』, 개마고원, 2012.

박성관, 『종의 기원, 생명의 다양성과 인간 소멸의 자연학』, 그린비, 2010.

박승옥, 『잔치가 끝나면 무엇을 먹고 살까』, 녹색평론사, 2008.

박찬구, 『개념과 주제로 본 우리들의 윤리학』, 서광사, 2017.

살바토레 바타크리아, 『살바토레의 아로마테라피 완벽가이드』, 권소영 외 옮김, 현문사, 2008.
스테판 하딩, 『지구의 노래』, 박혜숙 옮김, 현암사, 2011.
아노 카렌, 『전염병의 문화사』, 권복규 옮김, 사이언스북스, 2001.
아리스토텔레스, 『정치론』, 이병희 · 최옥수 옮김, 박영사, 1996.
아비가일 우즈, 『인간이 만든 질병 구제역』, 강병철 옮김, 삶과지식, 2011.
알베르트 슈바이처, 『나의 생애와 사상』, 천병희 옮김, 문예출판사, 2016.
에른스트 마이어, 『이것이 생물학이다』, 최재천 외 옮김, 바다출판사, 2016.
에릭 J. 카셀, 『고통 받는 환자와 인간에게서 멀어진 의사를 위하여』, 강신익 옮김, 들녘, 2002.
에머리히 코레트, 『인간이란 무엇인가』, 안명옥 옮김, 성바오로출판사, 1994.
에밀 뒤르켐, 『사회분업론』, 민문홍 옮김, 아카넷, 2012.
윌리엄 H. 맥닐, 『전염병과 인류의 역사』, 허정 옮김, 한울, 1998.
윌리엄 H. 맥닐, 『전염병의 세계사』, 김우영 옮김, 이산, 2014.
움베르또 마뚜라나 · 프란시스코 바렐라, 『앎의 나무: 인간 인지 능력의 생물학적 뿌리』, 최호영 옮김, 갈무리, 2007.
웬델 베리, 『소농, 문명의 뿌리』, 이승렬 옮김, 한티재, 2016.
윤병선, 『농업과 먹거리의 정치경제학』, 울력, 2015.
이블린 폭스 켈러, 『생명의 느낌』, 김재희 옮김, 양문, 2001.
잔 카제즈, 『동물에 대한 예의』, 윤은진 옮김, 책읽는수요일, 2011.
재레드 다이아몬드, 『총, 균, 쇠』, 김진준 옮김, 문학사상사, 2014.
제럴드 N. 캘러헌, 『감염』, 강병철 옮김, 세종서적, 2010.
제레미 리프킨, 『육식의 종말』, 신현승 옮김, 시공사, 2008.
조너선 사프란 포어, 『동물을 먹는 다는 것에 대하여』, 송은주 옮김, 민음사, 2011.
조제프 R. 데자르댕, 『환경윤리』, 김명식, 김완구 공역, 연암서가, 2017.
찰스 다윈, 『종의 기원』, 김관선 옮김, 한길사, 2017.
K. 마르크스, 『자본론』, 김수행 옮김, 비봉출판사, 1989.
KARA, 『동물보호 무크 숨 vol.3』, 더불어숨, 2012.
칼 짐머, 『바이러스 행성』, 이한음 옮김, 위즈덤하우스, 2013.
크리스토퍼 윌스 · 제프리 배더, 『생명의 불꽃: 다윈과 원시 수프』, 고문주 옮김, 아카넷, 2014.
토마스 베리, 『토마스 베리의 위대한 과업』, 이영숙 옮김, 대화문화아카데미, 2008.
토마스 베리 · 브라이언 스윔, 『우주 이야기』, 맹영선 옮김, 대화문화아카데미, 2008.
폴 W. 이월드, 『전염성 질병의 진화』, 이성호 옮김, 아카넷, 2014.
폴 테일러, 『자연에 대한 존중』, 김영 옮김, 리수출판사, 2020.
프란츠 브로스위머, 『문명과 대량멸종의 역사』, 김승욱 옮김, 에코리브르, 2006.

프리초프 카프라, 『생명의 그물』, 김용정 · 김동광 옮김, 범양사, 1998.
프리초프 카프라, 『히든 커넥션』, 강주헌 옮김, 휘슬러, 2003.
피터벤츠, 『환경정의』, 최병두 옮김, 한울아카데미, 2007.
피터 싱어, 『동물해방』, 김성한 옮김, 인간사랑, 1999.
피터 싱어, 『실천윤리학』, 황경식 · 김성동 옮김, 연암서가, 2013.
P. A. 크로포트킨, 『만물은 서로 돕는다』, 김영범 옮김, 르네상스, 2012.
한스 요나스, 『책임의 원칙: 기술 시대의 생태학적 윤리』, 이진우 옮김, 서광사, 1994.
홍윤철, 『질병의 종식』, 사이, 2017.
Tom Regan, The Case for Animal Rights, Berkeley, CA: The University of California Press, 2011.

김정호 · 허덕 · 정민국 · 우병준 · 김창호 · 정종기 · 연가연, 「2010~2011 구제역 백서 : 구제역 발생 · 확산 원인 및 재발 방지 대안 연구」, 한국농촌경제연구원, 2011.
농림축산식품부 외 2곳, 「2017년도 국가 항생제 사용 및 내성 모니터링 보고서」, 2018.
송인주, 『세계화 시대 한국의 농업 산업화에 관한 연구: 축산 부문을 중심으로』, 서울대학교 대학원 사회학박사학위논문, 2013.
식품의약품안전처, '축산 분야 국가 항생제 내성 조사 보고서 발간' 보도참고자료, 2019년8월30일.
우병준 · 김형진, 「축산계열화사업 성과와 과제: 육계 산업을 중심으로」, 한국농촌경제연구원, 2015.
우희종, 「구제역으로 본 생명 인식: 방역 대책으로 나타나는 신자유주의」, 『한국환경사회학회 학술대회 자료집』, 2011.4, 24~36쪽.
이인혜, 「구제역 가축매몰 작업자의 인지적 특성과 심리적 외상 간의 관계: 인지정서조절 및 기억처리 전략」, 『한국심리학회지: 건강』, 18(3), 2013, 535~556쪽.
조류 인플루엔자 및 야생조류 학술대책위원회, 「조류 인플루엔자 및 야생조류 학술대책위원회 성명문」, http://eaaflyway.net/scientific- task force on-avian influenza-and wild birds-statement on-19th-december-2014-kr/ [2018.03.02.].
조현성, 「2015육계산업동향」, 『바이엘화학』, 2015, 22~27쪽.
행정안전부, 「구제역 중앙 재난 안전대책본부 운영 백서」, 행정안전부, 2011.
허덕 · 송우진 · 지인배 · 김현중 · 이용건 · 김형진 · 한봉희 · 이창수 · 정세미, 「2014/15년 AI백서: 2014/15년 AI발생 · 확산 원인 및 재발 방지 대안 연구」, 한국농촌경제연구원, 2015.
홍의철, 강보석, 강환구, 전진주, 김현수, 박성복, 김찬호, 서상원, 김상호 (2017), 「산란계 동물복지 인증농가의 생산실태 조사」, 『한국가금학회지』, 44(1), 2017, 11~18쪽.

Bernice Wuethrich, "Chasing the Fickle Swine Flu", Science, 299, Issue 5612, 2003.

Bob Bermond, "The Myth of Animal Suffering", Animal Consciousness and Animal Ethics: Perspectives from the Netherlands, Marcel Dol, Soemini Kasanmoentalib, Susanne Lijmbach, Esteban Rivas, Ruud van den Bos, Assen: Van Gorcum, 2003, pp. 79~85.

Bravo, Ignacio G, Félez-Sánchez M., "Papillomaviruses: Viral evolution, cancer and evolutionary medicine", Evolution, medicine, and public health, 2015(1), pp. 32~51.

CAST, "Global risks of infectious animal diseases", Issue Paper 28, Feb 2005.

Craig K. Ihara, "Are Individual Rights Necessary? A Confucian Perspective", Confucian Ethics: A comparative Study of Self, Autonomy, and Community, Edited by Kwong-loi shun, David B. Wong, Cambridge Univ Press. 2004, pp. 11~30.

Curtis A. Suttle, "Viruses in the sea", Nature, Vol 437, 2005, pp. 356~361.

David Pimentel, Hurd L. E., Bellotti A. C., Forster M. J., Oka I. N., Sholesand O. D., Whitman R. J., "Food Production and the Energy Crisis", Science, 182, 1973, pp. 443~449.

D.E. Stallknecht, S.M. Shane, "Host range of avian influenza virus in free-living birds", Vet Res Commun, 1988, 12(2~3), pp. 125~141.

FAO, "Livestock' s long shadow environmental issues and options", 2006.

Fiebre Aftosa, "Foot and Mouth Disease", The Center for Food Security & Public Health, 2007.

IATP, "Counting the Costs of Agricultural Dumping", 2017, https://www.iatp.org/documents/counting-costs-agricultural-dumping, [2018.07.04.].

IATP, "Who Wins and Who Loses from U.S. Dumping of Corn", 2017.

Kamra D. N. "Rumen microbial ecosystem", Current Science, 89, 2005, pp. 124 135.

Karen J. Warren, "The Power and the Promise of Ecological Feminism", Environmental Ethics, Vol12, Issue 2, Summer 1990, pp. 125~146.

Lee YK, Mazmanian SK, "Has the microbiota played a critical role in the evolution of the adaptive immune system?", Science, 330(6012), 2010, pp. 1768~1773.

Leforban. Y , Gerbier. Y, "Review of the status of foot and mouth disease and approach to control/eradication in Europe and Central Asia", Rev. Sci. tech. Off. int. Epiz., 2002, Vol. 21, No.3, pp. 477~492.

Lynn White Jr., "The Historical Roots of Our Ecologic Crisis", Science, 155, 1967, pp. 1203~1207.

Medzhitov R., Schneider D. S., Soares M. P., "Disease tolerance as a defense strategy", Science, 2012, pp. 936~941.

Peter J. Kerr, Elodie Ghedin, Jay V. DePasse, Adam Fitch, Isabella M. Cattadori, Peter J. Hudson, David C. Tscharke, Andrew F. Read, Edward C. Holmes, "Evolutionary history and attenuation of myxoma

virus on two continents" , PLOS Pathogens, October 2012, Vol 8, pp. 1~9, (https://doi.org/10.1371/journal.ppat.1002950).
Qin J. et al. "A human gut microbial gene catalogue established by metagenomic sequencing", Nature, 464, 2010, pp. 59 65.
Rosenberg E., Koren O., Reshef L., Efrony R., Zilber-Rosenberg I. "The role of microorganisms in coral health, disease and evolution", Nature Reviews Microbiology, 2007, 5, pp. 355 362.
Scott F. Gilbert, Jan Sapp and Alfred I. Tauber, "A Symbiotic View of Life: We Have Never Been Individuals", The Quarterly Review of Biology, Vol. 87, No. 4 (December 2012), pp. 325~341.
V. Robertson, "Expert warns over Holstein' s future", The Scotsman, January 2006.
Webster R.G. , Hulse D.J. , "Microbial adaptation and change: avian influenza", Rev. sci. tech. Off. int. Epiz., 23(2), 2004, pp. 453~465.
WHO, "Cumulative number of confirmed human cases for avian influenza A(H5N1) reported to WHO, 2003~2018." .
Wostmann B.S., Larkin C., Moriarty A., Bruckner-Kardoss E., Dietary intake, energy metabolism, and excretory losses of adult male germfree Wistar rats, Lab Anim Sci, 1983 Feb,33(1), pp.46~50.

EBS다큐 프라임 "녹색동물-굶주림"
"350만 마리 묻어놓고… 구제역 청정국 포기", 『한국경제』, (2011, 2.14.).
"구제역 '날림 매몰' 후폭풍… 침출수 홍수 터지나", 『중앙일보』, (2011.2.23.), 22면.
"병아리 성별 감별사 사라질까 - 독 병아리 부화 전 성별 감별한다", 『한국일보』, (2016.04.11.)
"환경부가 '소똥구리 5000만 원어치 삽니다' 공고 낸 이유는", 『경향신문』, (2017.12.7.), 11면.

주석

1) 동물원 동물은 한정된 환경으로 많은 스트레스를 받고 정형 행동과 같은 이상 증상을 보이기도 한다. 그러한 스트레스를 해소하기 위해 다양한 환경을 만들어 주는 사업을 말한다. 행동 풍부화를 하는 방법은 인지 풍부화, 감각 풍부화, 사회 그룹 풍부화, 먹이 풍부화, 물리적 환경 풍부화가 있다.
2) 동물 실험을 함에 있어서 실험동물의 고통을 줄여주기 위해 가능한 한 동물이 아닌 다른 실험재로 대체(Replacement)하고, 실험동물의 수를 줄이고(Reduction), 실험을 하더라도 고통을 완화(REfinement)하는 방식으로 실험하는 원칙을 말한다.
3) 동물 복지 농장의 경우 15:1의 비율로 수탉을 키우고 있기는 하지만 전체 산란계 농가의 2.56% 정도로 규모는 미미하다.(홍의철 외 8명, 「산란계 동물 복지 인증 농가의 사육 형태와 품종별 생산성 및 질병 발생 비교 분석 연구」, 『한국가금학회지』, 44(2), 144쪽.)
4) 독일의 산란계 수평아리를 보호하자는 취지로 결성한 '브루더한 이니셔티브 독일(Bruderhahn Initiative Deutschland)' 은 수평아리를 죽이는 관행에 반대 의사를 표명했다. 윤리적 책임을 통감한 유기농 사육자들로 구성된 이 단체는 2013년부터 산란계 수평아리를 5주째까지 암평아리들과 함께 키운다. 그런 다음 사육장으로 옮겨 이들이 도축해도 될 만큼 성숙할 때까지 18~22주 동안 유기농 사료를 먹인다. 이로 인해 발생하는 비용은 암컷이 낳는 달걀 하나당 4센트를 더 많이 받아서 충당한다. 독일 노르트라인 베스트팔렌(Nordrhein-Westfalen)주 정부는 산란계 수평아리를 죽이는 것은 동물 보호법에 어긋난다는 결론을 내리고 수평아리 도살을 금지했다.(발렌틴 투른 · 슈테판 크로이츠베르거, 앞의 책, 209~210쪽.) 또 독일은 부화 전에 병아리의 성별을 구분할 수 있는 기술을 개발하였으며 이 기술을 이용하여 수평아리 계란인 경우 다른 용도로 사용함으로써 부화후 살처분하는 관행을 멈추고 이 기술을 점진적으로 독일 농가들에 도입해 나갈 방침이다.("병아리 성별 감별사 사라질까-독 병아리 부화 전 성별 감별한다", 『한국일보』.)
5) 박상표, 『가축이 행복해야 인간이 건강하다』, 개마고원, 2012, 59쪽.
6) 김재민, 『닭고기가 식탁에 오르기까지』, 시대의창, 2014, 38쪽.
7) 박상표, 앞의 책, 66쪽.
8) 박상표, 앞의 책, 56쪽.
9) 조너선 사프란 포어, 『동물을 먹는 다는 것에 대하여』, 송은주 옮김, 민음사, 2011, 172쪽.
10) 우병준 · 김형진, 「축산계열화사업 성과와 과제: 육계 산업을 중심으로」, 한국농촌경제연구원, 2015, v쪽.
11) 모비 · 박미연 외, 『고기, 먹을수록 죽는다』, 함규진 옮김, 현암사, 2011, 79쪽; 박상표, 앞의 책, 44쪽.

12) 박상표, 앞의 책, 53쪽.

13) 농림축산식품부 외 2곳, 「2017년도 국가 항생제 사용 및 내성 모니터링 보고서」, 2018, 1쪽.

14) 식품의약품안전처, '축산 분야 국가 항생제 내성 조사 보고서 발간' 보도참고자료, 2019.

15) 이안 베이커(Ian Baker)에 따르면 축산인을 대상으로 한 많은 설문 조사에서 미국 서부 낙농 젖소의 약 50 %가 부제병으로 파행 증상을 보인다고 하였다. V. Robertson, "Expert warns over Holstein' s future", The Scotsman, January 2006.

16) 이인혜, 「구제역 가축매몰 작업자의 인지적 특성과 심리적 외상 간의 관계: 인지정서조절 및 기억처리 전략」, 『한국심리학회지: 건강』, 18(3), 2013, 551쪽.

17) 구제역으로 살처분한 가축을 묻었을 때 생기는 침출수(마리당)는 소 160L, 돼지 12L, 염소・양 6L다. "구제역 '날림 매몰' 후폭풍… 침출수 홍수 터지나", 『중앙일보』, (2011.2.23.), 22면.

18) Fiebre Aftosa, "Foot and Mouth Disease", The Center for Food Security & Public Health, 2007, p. 4.

19) 우희종, 「구제역으로 본 생명 인식: 방역 대책으로 나타나는 신자유주의」, 『한국환경사회학회 학술대회 자료집』, 2011.4, 34쪽.

20) 아비가일 우즈, 『인간이 만든 질병 구제역』, 강병철 옮김, 삶과지식, 2011, 213쪽.

21) Leforban. Y , Gerbier. Y, Review of the status of foot and mouth disease and approach to control/eradication in Europe and Central Asia, Rev. Sci. tech. Off. int. Epiz., 2002, Vol. 21, No.3, p. 482.

22) 아비가일 우즈, 앞의 책, 225~227쪽.

23) 농림축산식품부, 『조류인플루엔자 긴급행동지침』, 진한엠앤비, 2016, 3쪽; 허덕 외 8명, 앞의 글, 1쪽.

24) 허덕 외 8명, 「2014/15년 AI백서: 2014/15년 AI 발생・확산 원인 및 재발 방지 대안 연구」, 한국농촌경제연구원, 2015, 5쪽.

25) 조류 인플루엔자 및 야생조류 학술대책위원회, 「조류 인플루엔자 및 야생조류 학술대책위원회 성명문」, (2014년 12월 19일) http://eaaflyway.net/scientific-task-force-on-avian influenza-and wild birds-statement on-19th-december-2014-kr/ [2018.03.02.]

26) KARA, 『동물보호 무크 숨 vol.3』, 더불어숨, 2012, 163쪽.

27) 당시 행정안전부 장관은 2011년 2월 14일 간담회에서 "청정국을 애써 유지하기엔 위험 부담이 크고 연간 육류 수출액이 20억 원밖에 안 되는 만큼 안전한 백신 청정국이 낫다고 판단했다"며 살처분을 위주로 한 '살처분 청정국' 을 포기하고 '백신 청정국' 정책을 채택할 것을 밝혔다. ("350만 마리 묻어놓고… 구제역 청정국 포기", 『한국경제』, (2011.2.14.))

28) 김정호・허덕・정민국・우병준・김창호・정종기・연가연, 「2010~2011 구제역 백서: 구제역 발생・확산 원인 및 재발방지 대안 연구」, 한국농촌경제연구원, 2011. 283쪽.

29) 에릭 J. 카셀, 『고통 받는 환자와 인간에게서 멀어진 의사를 위하여』, 강신익 옮김, 들녘, 2002, 37쪽.

30) 홍윤철, 『질병의 종식』, 사이, 2017, 15~17쪽.

31) 에릭 J. 카셀, 앞의 책, 201~202쪽.

32) 홍윤철, 앞의 책, 77~78쪽.

33) 홍윤철, 앞의 책, 91쪽.

34) Wostmann B.S., et. al., "Dietary intake, energy metabolism, and excretory losses of adult male germfree Wistar rats", Lab Anim Sci, 1983 Feb,33(1), pp.46.

35) 폴 W. 이월드, 『전염성 질병의 진화』, 이성호 옮김, 아카넷, 2014, 323쪽.

36) D.E. Stallknecht, S.M. Shane, "Host range of avian influenza virus in free-living birds", Vet Res Commun, 1988, 12(2~3), pp. 125~141.

37) Newton Press, 『바이러스와 감염증』, 강금희 옮김, (주)아이뉴턴, 2015, 77~78쪽.

38) 윌리엄 H. 맥닐, 『전염병과 인류의 역사』, 허정 옮김, 한울, 1998, 23~24쪽.

39) Peter J. Kerr, et al. "Evolutionary history and attenuation of myxoma virus on two continents", PLOS Pathogens, October 2012, Vol8, p. 1.

40) 나카야시키 히토시, 『종의 기원, 바이러스』, 김소연 옮김, 영림카디널, 2017, 27~29쪽; 폴 W. 이월드, 앞의 책, 328쪽.

41) Medzhitov R., Schneider D. S., Soares M. P. "Disease tolerance as a defense strategy", Science, 2012, 335, p. 1.

42) 윌리엄 H. 맥닐, 『전염병의 세계사』, 김우영 옮김, 이산, 2014, 참조; 마크 제롬 월터스, 『자연의 역습, 환경전염병』, 이한음 옮김, 책세상, 2008, 16쪽.

43) 재레드 다이아몬드, 『총, 균, 쇠』, 김진준 옮김, 문학사상사, 2014, 299쪽.

44) 데이비드 콰먼, 『인수공통 모든 전염병의 열쇠』, 강병철 옮김, 꿈꿀자유, 2017, 47쪽; 마크 제롬 월터스, 앞의 책, 207쪽.

45) Newton Press, 앞의 책, 153쪽.

46) 마크 제롬 월터스, 앞의 책, 21쪽.

47) Webster R.G., Hulse D.J., "Microbial adaptation and change: avian influenza", Rev. sci. tech. Off. int. Epiz., 2004, 23 (2), p. 453.

48) Webster R.G., Hulse D.J., op. cit., p. 461.

49) 앤드류 니키포룩, 『대혼란, 유전자 스와핑과 바이러스 섹스』, 이희수 옮김, 알마, 2010, 26쪽.

50) 마이크 데이비스, 『전염병의 사회적 생산 조류독감』, 정병선 옮김, 돌베개, 2008, 26쪽, 76쪽, 99쪽.

51) Bernice Wuethrich, "Chasing the Fickle Swine Flu", Science, Vol. 299, Issue 5612, 2003, p. 1503.

52) 마이크 데이비스, 같은 책, 99쪽.

53) WHO, "Cumulative number of confirmed human cases for avian influenza A(H5N1) reported to WHO, 2003~2018."

54) 윤병선, 『농업과 먹거리의 정치경제학』, 울력, 2015, 107쪽.

55) K. 마르크스, 『자본론』, 김수행 옮김, 비봉출판사, 1989, 479쪽.

56) 프란츠 브로스위머, 『문명과 대량멸종의 역사』, 김승욱 옮김, 에코리브르, 2006, 193쪽.

57) 윤병선, 앞의 책, 90쪽.

58) 마이클 캐롤런, 『값싼 음식의 실제 가격』, 배현 옮김, 열린책들, 2016, 41쪽; 윤병선, 앞의 책, 104쪽.

59) 윤병선, 앞의 책, 93~94쪽.

60) 윤병선, 앞의 책, 104~105쪽.

61) 윤병선, 앞의 책, 121쪽.

62) 송인주, 『세계화 시대 한국의 농업 산업화에 관한 연구: 축산 부문을 중심으로』, 서울대학교 대학원 사회학박사학위논문, 2013, 167쪽.

63) 마이클 캐롤런, 앞의 책, 274쪽.

64) IATP, " Counting the Costs of Agricultural Dumping" , 2017, https://www.iatp.org/documents/counting-costs-agricultural-dumping, [2018.07.04.].

65) IATP, " Who Wins and Who Loses from U.S. Dumping of Corn" , 2017, https://www.iatp.org/documents/who-wins-and-who-loses-us-dumping-corn [2018.07.04.].

66) 윤병선, 앞의 책, 197쪽; 스테판 하딩, 『지구의 노래』, 박혜숙 옮김, 현암사, 2011, 377쪽.

67) 윤병선, 같은 책, 71쪽.

68) 윤병선, 같은 책, 177쪽.

69) 송인주, 앞의 글, 209쪽.

70) CAST, "Global risks of infectious animal diseases", Issue Paper, 28, Feb 2005, p. 5.

71) 마크 롤랜즈, 『동물의 역습』, 윤영삼 옮김, 달팽이, 2004, 359쪽.

72) "환경부가 '소똥구리 5000만 원어치 삽니다' 공고 낸 이유는", 『경향신문』, (2017.12.7.), 11면.

73) 송인주, 앞의 글, 337쪽.

74) 조현성, 「2015 육계산업동향」, 『바이엘화학』, 2015, 25쪽.

75) David Pimentel, et al., "Food Production and the Energy Crisis", Science, Vol. 182, No. 4111, 1973, p. 447.

76) D. Pimentel, et al., op. cit., p. 446.

77) 제레미 리프킨, 『육식의 종말』, 신현승 옮김, 시공사, 2008, 240~241쪽.

78) L. W. 밀브레스, 『지속 가능한 사회』, 이태건 · 노병철 · 박이운 옮김, 인간사랑, 2005, 336쪽.

79) 웬델 베리, 『소농, 문명의 뿌리』, 이승렬 옮김, 한티재, 2016, 188쪽.

80) 도넬라 H. 메도즈 · 데니스 L. 메도즈 · 요르겐 랜더스, 『성장의 한계』, 김병순 옮김, 갈라파고스, 2011, 138쪽.

81) 윤병선, 앞의 책, 117쪽.

82) 박승옥, 『잔치가 끝나면 무엇을 먹고 살까』, 녹색평론사, 2008, 92쪽.

83) FAO, "Livestock' s long shadow environmental issues and options", 2006, p. xxi.

84) FAO, "Livestock' s long shadow environmental issues and options", p. xxiv.

85) 조너선 사프란 포어, 앞의 책, 49쪽.

86) 아리스토텔레스, 『정치론』, 이병희 · 최옥수 옮김, 박영사, 1996, 14~16쪽.

87) Lynn White Jr., "The Historical Roots of Our Ecologic Crisis", Science, 1967, pp. 1205~1206.

88) 에머리히 코레트, 『인간이란 무엇인가』, 안명옥 옮김, 성바오로출판사, 1994, 98~107쪽.

89) 미카엘 란트만, 『철학적 인간학』, 허재윤 옮김, 형설출판사, 2002, 220쪽.

90) 폴 테일러, 『자연에 대한 존중』, 김영 옮김, 리수출판사, 2020, 132쪽.

91) R. 데카르뜨, 『방법서설 · 성찰 데까르뜨 연구』, 최명관 옮김, 서광사, 1983, 133쪽.

92) 린 마굴리스 · 도리언 세이건, 『생명이란 무엇인가』, 김영 옮김, 리수, 2016, 58쪽; 마크 롤랜즈, 앞의 책, 23쪽.

93) 피터 싱어, 『동물해방』, 김성한 옮김, 인간사랑, 2012, 343쪽.

94) 에른스트 마이어, 『이것이 생물학이다』, 최재천 외 옮김, 바다출판사, 2016, 321쪽.

95) 폴 테일러, 앞의 책, 129쪽.

96) Karen J. Warren, "The Power and the Promise of Ecological Feminism", Environmental Ethics, Vol 12, Issue 2, Summer 1990, p. 128~132.

97) 피터 싱어, 『동물해방』, 44~45쪽.

98) 피터 싱어, 『동물해방』, 58쪽.

99) 피터 싱어, 『실천윤리학』, 황경식 · 김성동 옮김, 연암서가, 2013, 42~45쪽.

100) 피터 싱어, 『실천윤리학』, 53쪽.

101) Tom Regan, The Case for Animal Rights, Berkeley, CA: The University of California Press, 2011, p. 271.

102) Tom Regan, ibid, p. 305.

103) Tom Regan, ibid, p. 308.

104) Tom Regan, ibid, p. 249.

105) 김진석, 『동물의 권리와 복지』, 건국대학교출판부, 2010, 204~205쪽.

106) 조제프 R. 데자르댕, 같은 책, 236쪽.

107) 피터벤츠, 『환경정의』, 최병두 옮김, 한울아카데미, 2007, 293쪽.

108) Tom Regan, op. cit., pp. 77~78.

109) Bob Bermond, "The Myth of Animal Suffering", Animal Consciousness and Animal Ethics: Perspectives from the Netherlands, Marcel Dol, et al., Van Gorcum, 2003, p. 79.

110) 프리초프 카프라, 『히든 커넥션』, 강주헌 옮김, 휘슬러, 2003, 59쪽.

111) 에른스트 마이어, 앞의 책, 108~109쪽.

112) 살바토레 바타크리아, 『살바토레의 아로마테라피 완벽가이드』, 권소영 외 옮김, 2008, 24쪽.

113) 폴 테일러, 앞의 책, 155쪽.

114) 이블린 폭스 켈러, 『생명의 느낌』, 김재희 옮김, 양문, 2001, 328쪽.

115) 루트비히 비트겐스타인, 『논리 철학 논고』, 이영철 옮김, 책세상, 2006, 7쪽.

116) 박찬구, 『개념과 주제로 본 우리들의 윤리학』, 서광사, 2017, 22쪽.
117) 찰스 다윈, 『종의 기원』, 김관선 옮김, 한길사, 2017, 487쪽.
118) P. A. 크로포트킨, 『만물은 서로 돕는다』, 김영범 옮김, 르네상스, 2012, 33쪽.
119) 크리스토퍼 윌스 · 제프리 배더, 『생명의 불꽃: 다윈과 원시 수프』, 고문주 옮김, 아카넷, 2014, 300쪽.
120) 프리초프 카프라, 『히든 커넥션』, 57쪽.
121) 리처드 르원틴, 『DNA 독트린』, 김동광 옮김, 궁리출판, 2001, 30쪽.
122) 프리초프 카프라, 『생명의 그물』, 김용정 · 김동광 옮김, 범양사, 1998, 299쪽.
123) 리처드 르원틴, 같은 책, 197쪽.
124) 린 마굴리스 · 도리언 세이건, 『마이크로 코스모스』, 홍욱희 옮김, 김영사, 2011, 134쪽.
125) 움베르또 마뚜라나 · 프란시스코 바렐라, 『앎의 나무: 인간 인지 능력의 생물학적 뿌리』, 최호영 옮김, 갈무리, 2007, 56쪽.
126) 움베르또 마뚜라나 · 프란시스코 바렐라, 같은 책, 91쪽.
127) Kamra D. N., "Rumen microbial ecosystem", Current Science, 89, 2005, p. 124.
128) Rosenberg E., et al., "The role of microorganisms in coral health, disease and evolution", Nature Reviews Microbiology , 2007, 5, p. 355.
129) 린 마굴리스, 앞의 책, 188~192쪽.
130) 프리초프 카프라, 『히든 커넥션』, 22쪽.
131) 린 마굴리스, 『공생자 행성』, 이한음 옮김, 사이언스북스, 2007, 65~67쪽.
132) 린 마굴리스, 같은 책, 23쪽. 공생 발생은 러시아 생물학자인 콘스탄틴 메레슈코프스키(Konstantin S. Merezhkousky)가 주창한 용어로, 공생 융합을 통해 새로운 기관이나 생물이 형성되는 것을 가리킨다.
133) 린 마굴리스 · 도리언 세이건, 『생명이란 무엇인가』, 319쪽.
134) 린 마굴리스 · 도리언 세이건, 『생명이란 무엇인가』, 42쪽.
135) 알베르트 슈바이처, 『나의 생애와 사상』, 천병희 옮김, 문예출판사, 2016, 200쪽.
136) 알베르트 슈바이처, 같은 책, 201쪽.
137) 폴 테일러, 앞의 책, 86쪽.
138) 폴 테일러, 앞의 책, 24쪽.
139) 폴 테일러, 앞의 책, 109쪽.
140) 폴 테일러, 앞의 책, 266~303쪽.
141) 폴 테일러, 앞의 책, 307쪽.
142) Craig K. Ihara, "Are Individual Rights Necessary? A Confucian Perspective", Confucian Ethics: A comparative Study of Self, Autonomy, and Community, Edited by Kwong-loi shun, David B. Wong, Cambridge Univ Press. 2004, p. 25.
143) 폴 테일러, 앞의 책, 250.

144) Scott F. Gilbert, Jan Sapp and Alfred I. Tauber, "A Symbiotic View of Life: We Have Never Been Individuals", The Quarterly Review of Biology, Vol. 87, No. 4, December 2012, p. 331.
145) 잔 카제즈, 『동물에 대한 예의』, 윤은진 옮김, 책읽는수요일, 2011, 195~197쪽.
146) 어떤 환경 내에 존재하는 미생물들의 총체적인 게놈.
147) Qin J. et al., "A human gut microbial gene catalogue established by metagenomic sequencing", Nature, 464, 2010, p. 59.
148) Lee YK, Mazmanian SK, "Has the Microbiota Played a Critical Role in the Evolution of the Adaptive Immune System?", Science, 330(6012), 2010, p. 1768.
149) 데이비드 콰먼, 앞의 책, 298쪽.
150) Bravo, Ignacio G, Félez-Sánchez M., "Papillomaviruses: Viral evolution, cancer and evolutionary medicine", Evolution, medicine, and public health, 2015(1), p. 33.
151) 데이비드 콰먼, 앞의 책, 326~7쪽.
152) 데이비드 콰먼, 앞의 책, 44쪽.
153) 아노 카렌, 『전염병의 문화사』, 권복규 옮김, 사이언스북스, 2001, 34쪽.
154) Curtis A. Suttle, "Viruses in the sea", Nature, Vol 437, 2005, p. 356.
155) 제럴드 N. 캘러헌, 『감염』, 강병철 옮김, 세종서적, 2010, 61~62쪽.
156) 칼 짐머, 『바이러스 행성』, 이한음 옮김, 위즈덤하우스, 2013, 21쪽.
157) 린 마굴리스, 『공생자 행성』, 119쪽.
158) 에밀 뒤르켐, 『사회분업론』, 민문홍 옮김, 아카넷, 2012, 102쪽.
159) 민문홍, 『에밀 뒤르케임의 사회학』, 아카넷, 2001, 364쪽.
160) 윤병선, 앞의 책, 37쪽.
161) 밀브레스, 앞의 책, 336쪽.
162) 토마스 베리, 『토마스 베리의 위대한 과업』, 이영숙 옮김, 대화문화아카데미, 2008, 175쪽.
163) 도넬라 H. 메도즈 · 데니스 L. 메도즈 · 요르겐 랜더스, 앞의 책, 382~383쪽; 린 마굴리스 · 도리언 세이건, 『생명이란 무엇인가』, 278쪽; 밀브레스, 앞의 책, 33쪽, 48쪽, 67쪽; 발렌틴 투른 · 슈테판 크로이츠베르거, 앞의 책, 30쪽; 에른스트 마이어, 앞의 책, 355쪽; 재레드 다이아몬드, 앞의 책, 42~43쪽; 조제프 R. 데자르댕, 앞의 책, 416~417쪽, 475쪽; 프란츠 브로스위머, 앞의 책, 165쪽; 토마스 베리 · 브라이언 스윔, 『우주 이야기』, 맹영선 옮김, 대화문화아카데미, 2008, 399쪽; 한스 요나스, 『책임의 원칙: 기술 시대의 생태학적 윤리』, 이진우 옮김, 서광사, 1994, 242쪽.
164) 프란츠 브로스위머, 앞의 책, 172쪽.
165) 밀브레스, 앞의 책, 506쪽.
166) 한스 요나스, 앞의 책, 321쪽.
167) 리처드 리키 · 로저르윈, 『제6의 멸종』, 황현숙 옮김, 1996, 292쪽.

찾아보기